Königs Erläuterungen und Materialien
Band 372

Erläuterungen zu

Christa Wolf

Kassandra

von Bernd Matzkowski

Über den Autor:

Bernd Matzkowski ist 1952 geboren. Er ist verheiratet und hat zwei Kinder.

Lehrer (Oberstudienrat) am Heisenberg Gymnasium Gladbeck
Fächer: Deutsch, Sozialwissenschaften, Politik, Literatur/Theater (in NRW in der Sek. II eigenes Fach mit Richtlinien etc.)
Beratungslehrer für Suchtprävention
Ausbildungskoordinator (Betreuung von ReferendarInnen, Abnahme von Staatsexamina)

> **Hinweis:**
> Die Rechtschreibung wurde der amtlichen Neuregelung angepasst. Zitate von Wolf müssen auf Grund eines Einspruches in der alten Rechtschreibung übernommen werden.

2. Auflage 2004
ISBN 3-8044-1766-3
© 2002 by C. Bange Verlag, 96142 Hollfeld
Alle Rechte vorbehalten!
Titelabbildung: Christa Wolf
Druck und Weiterverarbeitung: Tiskárna Akcent, Vimperk

Inhalt

Vorwort 5

1. **Christa Wolf: Leben und Werk** 6
1.1 Biografie 6
1.2 Zeitgeschichtlicher Hintergrund 9
1.3 Angaben und Erläuterungen
 zu wesentlichen Werken 13

2. **Textanalyse und -interpretation** 17
2.1 Entstehung und Quellen 17
2.2 Inhaltsangabe 26
2.3 Aufbau 36
2.4 Personenkonstellation und Charakteristiken 49
2.5 Sachliche und sprachliche Erläuterungen 61
2.6 Stil und Sprache 64
2.7 Interpretationsansätze 68

3. **Themen und Aufgaben** 77

4. **Rezeptionsgeschichte** 79

5. **Materialien** 91

Literatur 95

Vorwort

Die Erläuterungen zu Christa Wolfs Erzählung *Kassandra*[1] sind erstmalig im Jahre 1988 erschienen. Mehrere Nachauflagen hat das Bändchen erlebt, darunter eine Neu-Auflage im Jahre 1996, die die bundesrepublikanische Debatte um Christa Wolf und ihre Rolle in der DDR in einem eigenen Abschnitt thematisierte. Dass jetzt wieder eine völlig überarbeitete Neuauflage erscheinen kann, zeigt, dass Christa Wolfs Erzählung *Kassandra* immer noch gelesen wird und erläuternde Hilfen für die Lektüre nachgefragt werden. Der Band erhebt nicht den Anspruch, Christa Wolfs Erzählung umfassend auszuloten und zu interpretieren; er bietet Erläuterungen zu einigen Aspekten der Erzählung an und will dadurch Hilfen zum Verständnis von *Kassandra* geben.

---

1 Zitiert wird nach der dtv-Ausgabe: Christa Wolf, *Kassandra*- Erzählung, dtv, 9. Auflage, März 2001 (erstmalig 1993). Bei Zitaten werden die Seitenangaben ohne Sigle in Klammern direkt hinter das Zitat gesetzt. Aus den Frankfurter-Poetik-Vorlesungen (Christa Wolf, *Voraussetzungen einer Erzählung: Kassandra*) wird nach der Ausgabe der Sammlung Luchterhand mit der Sigle KV zitiert (Sammlung Luchterhand Bd. 456).

1. Christa Wolf: Leben und Werk

1.1 Biografie

Jahr	Ort	Ereignis	Alter
1929	Landsberg	Geburt am 18. 3. 1929	
1949	Bad Frankenhausen	Abitur	20
1949	Jena/Leipzig	Studium der Germanistik (bis 1953) Eintritt in die SED	
1951		Heirat mit Gerhard Wolf	22
1952		Geburt der Tochter Annette	23
1953	Berlin	Wissenschaftliche Mitarbeiterin im Deutschen Schriftstellerverband (bis 1959)	24
1956		Geburt der Tochter Kattrin	27
1958		Redakteurin der Zeitschrift *Neue Deutsche Literatur*, zeitweilig Cheflektorin des Kinderbuchverlages *Neues Leben* (bis 1959)	29
1959	Halle	Lektorin des Mitteldeutschen Verlages	30
1962	Kleinmachnow b. Berlin	C. Wolf entscheidet sich, als freie Schriftstellerin zu arbeiten	33
1963		*Der geteilte Himmel* (Roman) Heinrich-Mann-Preis (der DDR) Kandidatin des ZK der SED	34

1.1 Biografie

Jahr	Ort	Ereignis	Alter
1964		Nationalpreis III. Klasse der Akademie der Künste (DDR)	35
1965		Mitgliedschaft im P.E.N.-Zentrum (DDR)	36
1967		Streichung von der Kandidatenliste des ZK der SED	38
1968		*Nachdenken über Christa T.* (Roman)	39
1972		*Till Eulenspiegel* (Erzählung und Drehbuch, gemeinsam mit G. Wolf)	43
1976		*Kindheitsmuster* (Roman) Mitinitiatorin des Protestes gegen die Ausbürgerung des Liedermachers Wolf Biermann	47
1977	Bremen	Literaturpreis der Freien Hansestadt Bremen	48
1978		Seit diesem Jahr Gastvorträge in den USA, Schottland, Italien, der Schweiz und der BRD	49
1979		*Kein Ort. Nirgends* (Erzählung)	50
1980	Darmstadt	Büchner-Preis	51
1983		***Kassandra*** (Erzählung) ***Voraussetzungen einer Erzählung: Kassandra*** (Frankfurter Poetik Vorlesungen)	54
	Stuttgart	Schiller-Gedächtnis-Preis	
1984		Österreichischer Staatspreis für Literatur	55

1.1 Biografie

Jahr	Ort	Ereignis	Alter
1987		*Störfall* (Erzählung)	58
		Auszeichnung mit dem Nationalpreis I. Klasse der DDR	
	München	Geschwister-Scholl-Preis	
1989/90		Austritt aus der SED	60
1990		*Was bleibt* (Erzählung)	61
	Hildesheim	Verleihung der Ehrendoktorwürde durch die Universität Hildesheim	
1992/93	Santa Monica	Stipendiatin des Getty Centers in Santa Monica (USA)	63
1993		*Akteneinsicht Christa Wolf* (der Band veröffentlicht Akten ihrer von 1959–1962 dauernden Tätigkeit als „Informelle Mitarbeiterin" des Ministeriums für Staatssicherheit der DDR)	64
1996		*Medea – Stimmen* (Roman)	67
1999		*Hierzulande Andernorts* (Essays)	70

1.2 Zeitgeschichtlicher Hintergrund

Der Erfolg von Christa Wolfs Erzählung *Kassandra* in der Bundesrepublik Deutschland ist auf dem Hintergrund großer gesellschaftlicher Bewegungen in Westdeutschland zu sehen. Zu diesen Bewegungen sind die Friedensbewegung, die Frauenbewegung und die Alternativbewegung zu zählen, die teilweise ineinander greifen und gemeinsam Ausdruck eines Bewusstseinswandels sind, von dem die Bundesrepublik in den ausgehenden 70er und den beginnenden 80er Jahren des 20. Jahrhunderts ergriffen wird.

Christa Wolfs Erzählung *Kassandra* erscheint in einer Zeit, in der das Wettrüsten zwischen den beiden (damals noch existierenden) Militärblöcken, der NATO und dem Warschauer Pakt, und ihren Führungsmächten, den USA und der Sowjetunion, in eine neue Phase getreten ist. Am 12. Dezember 1979 hatten die Außen- und Verteidigungsminister der NATO bei einer gemeinsamen Sitzung in Brüssel ein sog. „Nachrüstungsprogramm" beschlossen. Dieses Programm sah die Stationierung von 108 Mittelstreckenraketen des Typs „Pershing 2" und von 464 Marschflugkörpern („cruise missiles") in fünf europäischen Ländern, darunter auch der Bundesrepublik, vor. Dieses Rüstungsprogramm wurde als Antwort auf das (von der NATO behauptete) militärische Übergewicht des Warschauer Paktes in Europa gesehen. Der Warschauer Pakt hatte mit der Stationierung von SS-20-Mittelstrecken-Raketen in Europa und der Einführung eines neuen Bombertyps („Backfire") sein Militärpotenzial ausgeweitet. Gekoppelt war das Nachrüstungsprogramm an die Entwicklungen der Abrüstungsgespräche zwischen den USA und der Sowjetunion in Genf. Soll-

Eine neue Stufe des Wettrüstens

Friedensbewegung

1.2 Zeitgeschichtlicher Hintergrund

ten diese Gespräche scheitern, war als Konsequenz die Stationierung der neuen Waffensysteme geplant. Weil die Stationierung an die Verhandlungsergebnisse gebunden war, wurde offiziell vom „NATO-Doppelbeschluss" gesprochen. Gegen diesen „Doppelbeschluss" formierte sich in Westeuropa, vor allem aber in der Bundesrepublik, eine Protestbewegung, die „neue" Friedensbewegung, deren Vorläuferinnen die Bewegung gegen die Wiederbewaffnung und die Bewegung „Kampf dem Atomtod" waren. Diese Protestbewegung weitete sich immer mehr aus und erreichte ihren Höhepunkt am 10. Juni 1982 während des Besuchs des damaligen amerikanischen Präsidenten Ronald Reagan in Deutschland (Anlass für den Besuch war das NATO-Gipfeltreffen in Bonn). Über 400 000 Menschen demonstrierten gegen die Aufrüstung in Ost und West und für eine atomwaffenfreie Zone in Europa. Christa Wolfs Figur **Kassandra**, mitten in den Krieg zwischen zwei verfeindete Mächte gestellt, konnte auf dem Hintergrund dieser politischen Konstellation und der Friedenssehnsüchte vieler Menschen zur Identifikationsfigur werden. Und die Autorin Christa Wolf hat in ihren Frankfurter Poetik-Vorlesungen, als deren fünfter Teil die Erzählung *Kassandra* gilt, selbst den Bezug zwischen dem aktuellen Wettrüsten und ihrer in mythischer Vorzeit angesiedelten Geschichte hergestellt (besonders in der 3. Vorlesung, die aus tagebuchartigen Notizen und Reflexionen aus dem Zeitraum Mai 1980 bis August 1981 besteht). Neben der Friedensbewegung, die in den 80er Jahren das politische Geschehen in Westdeutschland entscheidend geprägt hat, muss auch auf die Frauenbewegung als bedeutende Strömung der Zeit hingewiesen werden. Die Frauenbewegung hatte sich vor allem im Kampf um die Reform des § 218 des

Identifikationsfigur Kassandra

Frauenbewegung: der Kampf um Selbstbestimmungsrechte

1.2 Zeitgeschichtlicher Hintergrund

Strafgesetzbuches (Bestrafung des Schwangerschaftsabbruchs) gebildet. Die von der SPD/FDP-Koalition 1974 verabschiedete Fristenlösung (Straffreiheit eines Schwangerschaftsabbruchs innerhalb einer Frist von drei Monaten), war durch das Bundesverfassungsgericht im Februar 1975 abgelehnt worden. Gegen diese Entscheidung gab es anhaltende Proteste, die eingebunden waren in eine wachsende Kritik an einer Gesellschaft, die formal die Gleichberechtigung der Frau garantiert, in Wirklichkeit aber immer noch von Männern dominiert wird. Benachteiligung, Diskriminierung und sexuelle Gewalt gegen Frauen wurden zum öffentlichen Thema. Auch für die Frauenbewegung konnte Christa Wolfs **Kassandra** zur Identifikationsfigur werden, muss sie ihre Emanzipation doch gegen eine von Männern dominierte Welt der Politik und des Krieges, der Intrigen und der Machtkämpfe durchsetzen. In der Alternativbewegung fließen viele unterschiedliche Strömungen zusammen: Kämpfe um Wohnraum (Hausbesetzungen) und gegen die Atomkraft (Anti-AKW-Bewegung), das Aufkommen des Ökologiegedankens (Schutz der Natur), Kritik an der Zivilisation und dem Wahn vom technisch Machbaren, Suche nach neuen Lebensformen (Wohngemeinschaften) und Kritik an der Überbetonung des Rationalen und Hinwendung zum „ganzheitlichen" Erfassen des Menschen. Auch für diese Strömungen der Gesellschaft kann die **Kassandra-Figur** Christa Wolfs Identifikationsangebote liefern, so etwa dadurch, dass Kassandra ihren Gefühlen Raum lässt (etwa indem sie ihre Ängste zulässt), oder dadurch, dass der Welt des Palastes eine Gegenwelt gegenübersteht (Ida-Berg-Gemeinde).

> Kassandra und die Emanzipation

> Ökologie und neue Formen des Lebens

1.2 Zeitgeschichtlicher Hintergrund

> Kassandra wehrt sich gegen Bevormundung und Indoktrination

Die Bürgerinnen und Bürger der damaligen DDR werden vielleicht etwas ganz anderes aus Christa Wolfs Erzählung heraus gelesen haben, nämlich die Emanzipation der Hauptfigur von einem ideologischen System der Indoktrination und Bevormundung und den schwierigen Weg einer Intellektuellen zur Wahrheit und Wahrhaftigkeit. So oder so: Christa Wolfs Erzählung *Kassandra* ist ein Werk von hohem literarischen Rang – jenseits der Tagesaktualitäten. Aber die Menschen in der ersten Hälfte der 80er Jahre haben *Kassandra* sicherlich mit einem anderen Blick gelesen, als es heute in zeitlichem Abstand geschieht.

1.3 Angaben und Erläuterungen zu wesentlichen Werken

Am Anfang des literarischen Werdegangs von Christa Wolf steht mit der **Moskauer Novelle** (1959) noch eine Erzählung, die im Kontext der Aufarbeitung der (nationalsozialistischen) Vergangenheit die Schuldfrage thematisiert und zugleich die sozialistische Zukunft als Alternative anbietet. Aber schon mit **Der geteilte Himmel** (1963) wird diese Perspektive durchbrochen. Zwar entscheidet sich die weibliche Hauptfigur, die Lehramtsstudentin Rita Seidel, die während ihres Betriebspraktikums in einem Waggonbauwerk zwischen zwei Züge geraten ist, dafür, ihrem Freund Wolfgang Herrfurth nicht in den Westen zu folgen, sondern in der DDR zu bleiben, aber die Entscheidung Wolfgangs, die DDR zu verlassen, wird nicht denunziert. Vielmehr werden Ritas Erfahrungen mit der „sozialistischen Arbeitswelt" durchaus als problematisch dargestellt, und die Trennung zwischen Rita und Wolfgang, die durch den Mauerbau eine endgültige geworden ist, beendet nur das, was sich in der Beziehung schon vorher angebahnt hat: eine Krise, die durch die Persönlichkeiten selbst, nicht aber durch eine Vorliebe für ein politisches und wirtschaftliches System bestimmt ist.

Identitätssuche im Kontext einer „sozialistischen Gesellschaft"

Bereits der Roman **Nachdenken über Christa T.** (1968) macht die wachsenden Zweifel der Autorin Christa Wolf an der realsozialistischen Wirklichkeit der DDR deutlich, wobei ihr Bezugspunkt nicht die westlich-kapitalistische Alternative ist, sondern (immer noch) die Utopie eines humanen Sozialismus. Der Roman schildert das Leben und den frühen, einer Leu-

Wachsende Zweifel

1.3 Angaben und Erläuterungen zu den Werken

kämie geschuldeten Tod einer jungen DDR-Bürgerin, über deren Werdegang die Ich-Erzählerin, deren Klassenkameradin und Kommilitonin Christa T. war, nachdenkt. Christa T's Verhalten weicht von den Erwartungen der Gesellschaft ab, weil sie sich den Normen des Gehorsams gegenüber den Regeln der DDR-Gesellschaft verweigert und ihren Weg der geistigen Selbstständigkeit geht. Auch Christa Wolf selbst ist, wie ihre Figur Christa T., auf der Suche nach ihrer Identität in einem System, das offensiv zu vertreten ihr immer weniger lohnenswert und legitimierbar erscheint. Bereits 1967 hat Christa Wolf den Kandidatenstatus des ZK der SED verloren, und seit 1969 standen sie und ihr Mann bereits unter Überwachung durch die Stasi.

1976 erscheint Christa Wolfs Roman **Kindheitsmuster.** Der Roman behandelt auf einer Erzählebene das Schicksal der Figur Nelly Jordan in den Jahren 1933 bis 1947, thematisiert mithin eine Kindheit und Jugend während des Nationalsozialismus. Verzahnt sind mit dieser Erzählebene zwei weitere, nämlich einerseits die Schilderung einer Reise der Erzählerfigur sowie ihres Ehemanns, ihrer Tochter und ihres Bruders an den Geburtsort der Erzählerin in Polen, sowie andererseits Reflexionen über das Schreiben, Anmerkungen zu Ereignissen der 70er Jahre und Erörterungen über die Funktion des Gedächtnisses. Auch in diesem Roman geht es in der Verschränkung von Vergangenheit und Gegenwart, im Zusammenspiel der Erzählebenen und in der Thematisierung unterschiedlicher gesellschaftlicher Systeme um die Suche des

Die Suche nach Authentizität: Außenseiterthematik

Individuums nach Authentizität. Auf der Suche nach Identität ist auch Kassandra, die Hauptfigur der gleichnamigen Erzählung von Christa Wolf. **Kassandra** (1983) ist das mittlere von drei Werken, die nicht direkt die Auseinandersetzung mit der

1.3 Angaben und Erläuterungen zu den Werken

gesellschaftlichen Wirklichkeit suchen, sondern ihre Figuren in eine vergangene Zeit stellen, in der sich allerdings die Gegenwart spiegelt.

Die Gegenwart im Spiegel vergangener Epochen

In der Erzählung **Kein Ort. Nirgends** (1979) treffen Heinrich von Kleist und Karoline von Günderode aufeinander (Juni 1804). Die fiktive Begegnung der beiden Figuren ist an den Ort gelegt, an dem Karoline von Günderode 1806 Selbstmord begangen hat (Winkel am Rhein). Beide Figuren sind – als Intellektuelle, Dichter und Menschen, die das Geschlechterrollenklischee durchbrechen – Außenseiter und finden in diesem Außenseitertum Nähe zueinander. Das Werk erscheint nach der Ausbürgerung Wolf Biermanns, gegen die Christa Wolf gemeinsam mit anderen protestiert hat, und in einer Phase des sich verschärfenden geistigen Klimas in der (damaligen) DDR. Mit *Kassandra* und *Medea* geht Christa Wolf noch weiter in der Geschichte zurück und greift Gestalten der Mythologie auf. Wie in *Kassandra,* so deutet Christa Wolf auch in **Medea** (1996) die Figur neu, bricht mit den tradierten Sehweisen. Medea, als Mörderin ihrer Söhne denunziert, wird bei Christa Wolf – ähnlich wie Kassandra – zur Kontrastfigur ihres Vaters, der machtbesessen ist. Medea, von Kolchis nach Korinth geflohen, wird auch dort ausgegrenzt und bedroht; ihre Kinder werden ermordet. Anders als Kassandra, die die Flucht ablehnt und ihrem Tod entgegengeht, entscheidet sich Medea für das Leben und flieht gemeinsam mit anderen Frauen. Wie Heinrich von Kleist und Karoline von Günderode sind bzw. werden die Figuren Kassandra und Medea Außenseiter, die ihre Identität in Systemen behaupten müssen, die patriarchalisch dominiert sind und sich auf komplexe Machtmechanismus stützen (von brutaler Gewaltanwendung bis hin zur Demagogie). Die Identitätsfindung der Figuren ist verbunden mit einer Loslösung von diesen

1.3 Angaben und Erläuterungen zu den Werken

Systemen, die schließlich in Opposition mündet. Dahinter auch die Frage nach der Identität von Intellektuellen, Schriftstellern und Künstlern im System der DDR zu sehen, mag unschwer nachvollziehbar sein.

2. Textanalyse und -interpretation

2.1 Entstehung und Quellen

In den Vorlesungen charakterisiert Christa Wolf die Entstehung ihrer Erzählung als das „zufällige Auftauchen und die allmähliche Verfertigung einer Gestalt." (KV, S. 9)
Christa Wolf verpasst durch einen Fehler der Fluggesellschaft im März 1980 das Flugzeug, das sie von Berlin („Hauptstadt der DDR", KV, S. 9) nach Athen, dem Ausgangsort einer Griechenlandreise, bringen soll. Sie übernachtet in ihrer Berliner Wohnung.

> „Am nächsten Vormittag, in der leeren Wohnung, in die kein Anruf, kein Brief sich mehr verirrte, begann ich die ‚Orestie' des Aischylos zu lesen. Ich konnte mir noch zusehen, wie ein panisches Entzücken sich in mir ausbreitete, wie es anstieg und seinen Höhepunkt erreichte, als eine Stimme einsetzte:
> Oh! Oh! Ach!
> Apollon! Apollon!
> Kassandra. Ich sah sie gleich. Sie, die Gefangene, nahm mich gefangen, sie, selbst Objekt fremder Zwecke, besetzte mich."
> (KV, S. 10)

Von nun an bleibt Christa Wolf ihrer Figur auf der Spur, und zwar im doppelten Sinne. Sie verfolgt die literarischen Spuren Kassandras und vertieft sich in archäologische und geschichtswissenschaftliche Literatur, und sie verfolgt die Spur Kassandras bis zum Löwentor von Mykene. „Jetzt steht sie (gemeint ist Kassandra, B. M.) zwischen den kyklopischen Mauern. Vom Tor her starren die Löwen sie an, die jetzt kopflos sind. Sie muß

Auf den Spuren Kassandras

2.1 Entstehung und Quellen

hinein. (...) Dagegen wir: auf sonnenbeschienenen steinernen Wegen im Strom der Touristen höher hinauf (...)." (KV, S. 76)
Über ihre intensive Beschäftigung mit Geschichte und Mythologie notiert Christa Wolf im Dezember 1980:

> *"Das Material, das ich um mich anhäufe, lese ich nicht mehr, um der inneren Ausformung der Kassandra-Gestalt, die mein eigentliches Anliegen ist, eine glaubwürdige sinnliche Umgebung zu schaffen. Ich lese, weil ich nicht mehr loskomme von der Frühgeschichte, der Mythologie, der Archäologie."* (KV, S. 95)

Auseinandersetzung mit überlieferten Kassandra-Darstellungen

Dabei arbeitet sich die Autorin an bisherigen Kassandra-Darstellungen ab, indem sie versucht, die tatsächlichen Lebensverhältnisse Kassandras zu erforschen und gleichzeitig die unterschiedlichsten Kassandra-Darstellungen auf dem Hintergrund ihrer Entstehungszeit abzuklopfen[2]. Ihre Kassandra-Figur gewinnt im Laufe der Zeit immer mehr an Kontur. Schließlich skizziert sie Kassandras Umrisse („eine lebhafte, sozial und politisch interessierte Person"), ihre Entwicklung von der Lieblingstochter des Königs Priamos zur Dissidentin, zur Abweichlerin („schmerzhafter Loslösungsprozeß") und Kassandras Entscheidung zur Autonomie:

> *"Dadurch begibt sie sich bewußt ins Abseits, entledigt sich aller Privilegien, setzt sich Verdächtigungen, Verhöhnungen, Verfolgungen aus: der Preis für ihre Unabhängigkeit. Kein Selbstmitleid; sie lebt ihr Leben. Versucht, den Spruch aufzuheben, der über sie verhängt ist: daß sie zum Objekt gemacht werden soll."* (KV, S. 9)

Und Christa Wolf formuliert ihr Interesse an der Kassandra-Figur: „Mein Anliegen bei der Kassandra-Figur: Rückführung

---
[2] Siehe z. B. in der 3. Vorlesung das Zitat aus „Dr. Vollmers Wörterbuch der Mythologie" (KV, S. 86)

aus dem Mythos in die (gedachten) sozialen und historischen Koordinaten." (KV, S. 111) Ihr Verfahren dabei ist „archäologisch und utopisch zugleich: Ausgrabung einer mythischen Grundfigur und Entwurf eines sozialen Modells".[3] Christa Wolf sagt zur Entwicklung ihrer „Kassandra":

> *„Die Figur verändert sich andauernd, indem ich mich mit Material befasse; immer mehr schwindet der tierische Ernst, alles Heroische, Tragische, demzufolge schwinden auch Mitleid und einseitige Parteinahme für sie. Ich sehe sie nüchterner, sogar mit Ironie und Humor, durchschaue sie."* (KV, S. 119)

Die Kassandra des Erinnerungsmonologes vor dem Löwentor von Mykene ist also eine andere als die der ersten Begegnung Christa Wolfs mit ihrer späteren Figur. Kassandra hat sich im Bewusstsein ihrer Autorin verändert. Nicht nur Kassandra macht in der Erzählung einen Entwicklungsprozess durch, sondern der Aneignungsprozess der Figur hat auch bei der Autorin eine Entwicklung in Gang gesetzt, die zu einer kritischen und gelasseneren Haltung der Figur gegenüber geführt hat. Sibylle Cramer fasst diese Entwicklung so zusammen:

> *„Das Antikenprojekt beschreibt die Aneignung eines poetischen Stoffes als Recherche, die einer Figur gilt, und zugleich als Introspektion. Es ist eine dreiphasige Gedankenbewegung. Die erste, eine Reise in die Vergangenheit, gilt der Spurensicherung. Die zweite befördert die Figur in die Gegenwart, für die ihre Stimme Gültigkeit hat. Am Ende findet die poetische Vergegenwärtigung in der Erzählung statt. Jede dieser Bewegungen endet vor dem Tor von Mykene, bei ihrer Figur. [...] Das Tor von Mykene bildet das Fundament einer Erzählarchitektur, zu deren lebendigem Inventar die Autorin gehört.*

Entwicklung der Kassandra-Figur bei C. Wolf

---

3 G. Mauser zitiert nach W. Mauser, S. 233

2.1 Entstehung und Quellen

Das Antikenprojekt erzählt auch die Geschichte ihrer Ankünfte bei ihrer Figur." [4]

Der Weg zu ihrer Kassandra-Figur führt Christa Wolf insbesondere zu einer Auseinandersetzung mit Aischylos und Homer. Der Besuch auf Kreta während ihrer Griechenlandreise verschafft ihr Einblick in die „mythologischen Regionen der Kassandra", in die minoische Frühgeschichte Griechenlands, in einen matriarchalisch bestimmten Lebens- und Kulturkreis. Auf Kreta schließlich „wird Kassandra aus dem patriarchalischen Überlieferungskostüm des Aischylos und Homer befreit."[5]

Aischylos und Homer

Die *Orestie*, die Tragödientrilogie des AISCHYLOS (525/24–456/55 v. Chr.), ist die Geschichte der Ermordung Agamemnons, des griechischen Heerführers bei der Belagerung und Eroberung Trojas, durch seine Gattin Klytaimnestra und Agamemnons Vetter Aigisthos. Agamemnons Sohn Orest nimmt Rache an den Mördern seines Vaters und wird für diese Tat von den Fluch- und Rachegöttinnen, den Erinnyen, verfolgt. Kassandra, Beute des Agamemnon, sieht den Untergang des Atriden-Hauses voraus. „Undistanziert, nach dem Grund von Ergriffenheit nicht fragend, fragte ich auch nicht, was die Absicht des Aischylos mit dieser Figur gewesen sein mochte, gewesen sein konnte." (KV, S. 10) Doch diese erste, von Ergriffenheit bestimmte Begegnung Christa Wolfs mit der Kassandra des Aischylos führt sie alsbald zu weiteren Fragen:

„Auf wessen Seite steht eigentlich dieser Aischylos? Oder versucht er das Kunststück, einem jeden gerecht zu werden? Zwischen ihm und dem früheren Homer, der die Kunde vom Trojanischen Krieg weitergab, liegen mindestens dreihundert Jahre

---

4 S. Cramer, zitiert nach Sauer, S. 135
5 ebd., S. 133

2.1 Entstehung und Quellen

> *[...]. Und die Ereignisse, auf die er sich bezieht, verlieren sich, wie seine Gestalten, in der Dämmerung des Mythos. Da mag, denke ich, Gerechtigkeit dem Tragöden nicht so schwer geworden sein."* (KV, S. 12)

Christa Wolf übernimmt den Schauplatz des Aischylos, das Tor von Mykene. Kassandra, die Gefangene, fährt, mit anderen Gefangenen auf einem Karren sitzend, vom Hafen zur Burg hinauf, den Tod vor Augen. „Die Erzählung isoliert den Augenblick des Dramas, da Agamemnon von Klytaimnestra im Palast ermordet wird."[6] Im Erinnerungsmonolog der Todgeweihten wird die Geschichte der Kindheit und Jugend Kassandras bis zur Auflehnung der Priesterin und Seherin erzählt, eingebettet in die Geschichte des Krieges um Troja.

Das Löwentor: der Schauplatz

Die *Ilias*, das Epos des HOMER, wahrscheinlich entstanden in der zweiten Hälfte des 8. Jahrhunderts v. Chr. und das früheste Zeugnis der griechischen Dichtung, schildert in rund 15000 Versen die Kämpfe zwischen den griechischen Belagerern und den Trojanern. Der Titel *ILIAS* leitet sich von „Ilion" ab, dem zweiten Namen der Stadt an der kleinasiatischen Küste, die seit den Ausgrabungen Heinrich Schliemanns im Jahre 1870 auf dem türkischen Hügel Hissarlik aus dem Reich des literarischen Mythos in die geschichtliche Wirklichkeit gehoben worden ist.

Christa Wolf notiert im August 1980:

> *„Troja wäre eine auf den Mauern vieler zerstörter Städte errichtete Stadt. (...) Eine Stadt mit Palast, Zitadelle, Handwerker-, Händler-, Schreiberhäusern. Mit Tempeln, heiligen Bezirken. Mit einer Mauer um das Ganze. (...) Ein Stadtstaat mit einem Herrscher-*

Troja: Mythos und Wirklichkeit

---
6 ebd., S. 137

2.1 Entstehung und Quellen

> *haus, das für göttlich gelten mochte, mit Edelleuten (…), mit Beamten, Heerführern, mit Handwerkern (…), mit Priestern und Priesterinnen, wahrscheinlich mit Großgrundbesitzern, kleinen Bauern (…), mit Verwaltungsangestellten auf allen Ebenen der Hierarchie, mit der Masse der arbeitenden Bevölkerung, von der man wenig weiß, da sie in den Urkunden am seltensten vorkommt. Mit Sklaven. Dies ein ungefähres Schema, übernommen von in sich nicht einheitlichen Schilderungen verschiedener Erforscher der mykenischen Kultur (…)."* (KV, S. 89)

Im Zentrum des homerischen Epos steht ACHILL. Voller Zorn über den Tod des Freundes PATROKOLOS schleift ACHILL den von ihm im Kampf getöteten HEKTOR am Gehenk seines Kampfwagens mehrfach um die trojanische Burg. Am Schluss des Epos bittet PRIAMOS, König Trojas und Vater HEKTORS, den Sieger ACHILL um die Herausgabe des Leichnams seines Sohnes. Das Epos endet mit der Rückkehr des Leichenzuges in die Stadt Troja. „So zeigt sich am Ende noch einmal in aller Deutlichkeit, dass das Ganze eine Geschichte vom Entstehen, Wirken und Verlöschen des Achilles-Zorns ist."[7]

Und genau hier hakt Christa Wolf ein, wenn sie über die *ILIAS* urteilt:

> *„Und, was die Ilias angeht, der erste uns bekannte Versuch, einer unter das Gesetz der Schlacht und des Schlachtens gestellter Chronologie ein menschliches Gefühlsmaß aufzudrücken: den Zorn des Achill. Aber es ist **die Linie männlichen Handelns**, die der Erzähler verfolgt. Nur in den Lücken zwischen den Schlachtbeschreibungen schimmert das Alltagsleben durch, die Welt der Frau."* (KV, S. 91/92, Hervorhebung nicht im Original)

---

7   *Kindlers Literaturlexikon*, Bd. 5, Zürich 1970, S. 4751

2.1 Entstehung und Quellen

Im Zentrum ihrer Erzählung steht nicht der Held Achill, sondern Kassandra, eine Frau auf dem Weg zur Autonomie. Sie widmet sich in ihrer **Kassandra** der Geschichte der Unterdrückten, der Frauen. Das Epos sieht sie nicht nur als eine Folge des gesellschaftlichen Wandels von matriarchalischen zu patriarchalischen Strukturen, sondern auch als Teil ihrer Befestigung.

Kassandra als zentrale Figur

> „Erst als Besitz, Hierarchie, Patriarchat entstehen, wird aus dem Gewebe des menschlichen Lebens, das die drei Uralt-Frauen, die Moiren, in der Hand hatten, jener eine blutrote Faden herausgerissen, wird er auf Kosten der Gleichmäßigkeit des Gewebes verstärkt: die Erzählung von der Heroen Kampf und Sieg oder Untergang. Die Fabel wird geboren. Das Epos, aus den Kämpfen um das Patriarchat entstanden, wird **durch seine Struktur** auch ein Instrument zu seiner Herausbildung und Befestigung. Vorbildwirkung wird dem Helden auferlegt, bis heute. Der Chor der Sprecherinnen ist verschwunden, vom Erdboden verschluckt. Als Heroine kann die Frau nun Gegenstand der männlichen Erzählung werden." (KV, S. 147, Hervorhebung im Original).

Männliche Denk-, Sprach- und Herrschaftsstrukturen geraten in die Kritik, werden nicht als „naturgegeben" akzeptiert, sondern als geschichtlich und gesellschaftlich bedingt gesehen. Literatur erscheint als Teil ideologischer Apparate, die die (Vor-)Herrschaft des Mannes über die Frau legitimieren und konstituieren helfen.

> „Die Männer: Sie trennen die Zeichen von den Körpern, sie werden ‚erschlagen', aber sie überleben im Ruhm; sie erfinden Heldengeschichten, die in der Nachwelt als Schrift überdauern; sie bauen Systeme und Redeordnungen, die die Macht begrün-

2.1 Entstehung und Quellen

den und verwalten; sie verkünden Botschaften, die gehört werden und im kulturellen System den Index der ‚Wahrheit' erhalten." [8]

Kassandra in ‚männlicher Geschichtsschreibung'

Auch Kassandra ist ein Beispiel dafür, dass Frauen in der männlichen Geschichte als einer von Männern gemachten und geschriebenen Geschichte keinen Platz finden.

„Von Kassandras Geschichte ist nicht viel Exaktes überliefert. Und das, was wir wissen, ist verbogen, verballhornt: Männer schrieben es auf – Homer in seiner ‚Ilias', Aischylos in seiner ‚Orestie'. Aber weniger, weil sie Männer waren, taten sie der Historie Gewalt an: Zwischen dem Erleben der Kassandra und der Geschichtsschreibung eines Homer und eines Aischylos liegt das Zuendegehen einer historischen Umwälzung. Sie sind die Ideologen der soeben siegreich aus der Geschichte hervorgegangenen Männergesellschaft, des Patriarchats." [9]

Kasandra in neuer Sichtweise

Kassandra soll somit zweierlei leisten: Den männlichen Helden in Geschichte und Literatur wird eine weibliche Figur als Hauptperson gegenübergestellt, und die Geschichte wird aus der Perspektive der weiblichen Hauptfigur als eine Geschichte des Widerstandes gegen patriarchalische Strukturen erzählt. Mit der Ansiedelung der Erzählung in mythischer Vorzeit wird gleichzeitig die Möglichkeit eröffnet, die Ablösung matriarchalischer durch patriarchalische Strukturen zu beleuchten. Das „beinah dreitausend Jahre (…) Stummsein" der Frauen (KV, S. 150) wird durchbrochen. Christa Wolf macht mit ihrer Erzählung und der Wahl ihrer Hauptfigur „zum einen die Unterdrückung des Weiblichen in der Literatur bewusst. Zum anderen

---

[8] G. Neumann zitiert nach W. Mauser, S. 247
[9] H. Parmentier in „die tat" Nr. 36 v. 9. 3. 83, S. 10

2.1 Entstehung und Quellen

verleiht sie spezifisch weiblichen Erfahrungen (Objektivation, Unterwerfung unter männliche Gewalt) eine historische Dimension."[10] Diese Perspektive wird in der Erzählung u. a. darin deutlich, dass die Inbesitznahme der Frauen durch Götter und Helden als Entwürdigung und Gewaltakt gesehen wird, als Ausdruck männlich-göttlicher (Apollon) oder männlich-menschlicher (Panthoos, Achill) Herrschaftsansprüche über die Frauen.

Mit dem Rückgriff auf den Mythos, der Verlagerung der Geschichte in die Zeit des Trojanischen Krieges, „den man, überraschend und verdächtig genau, finde ich, auf die Zeit von 1194–1184 v. Chr. ansetzt" (KV, S. 89), geht es Christa Wolf „nicht um einen biologisch begründeten Kampf der Geschlechter"[11] oder um den „Versuch (...), die Probleme der Gegenwart zu fliehen. Sie versucht im Gegenteil durch das Ausfindigmachen der Wurzeln unserer modernen Industriegesellschaften Selbstverständliches bewusst zu machen: Emanzipation und Subjektwerdung kann es nur im Aufbrechen internalisierter Strukturen geben."[12]

Die Fragestellung, der Christa Wolf dabei nachgeht, lautet: „Sind vernunftbegabte Wesen denkbar, die nicht die Spaltung des heutigen Menschen in Leib/Seele/Geist kennen, sie gar nicht verstehen können?" (KV, S. 8)

---

10 J. Marx zitiert nach W. Mauser, S. 171
11 Risse, S. 3
12 ebd., S. 2

2.2 Inhaltsangabe

Der Text erschließt sich den Rezipienten nicht leicht. Dies hat mehrere Gründe: Einmal die Erzählstruktur, dann die Fülle der auftretenden Personen und schließlich der Rückgriff auf den Mythos, die Welt der „griechischen Sagen".

Der Stoff: der Krieg um Troja

Der Stoff, auf den Christa Wolf zurückgreift, ist der Trojanische Krieg. Der Mythologie nach dauert er zehn Jahre und endet mit der Eroberung Trojas durch die griechischen Belagerer, die mit Hilfe der List des Odysseus (das hölzerne Pferd) schließlich in die Stadt eindringen können, König Priamos, den greisen Herrscher Trojas, erschlagen und trojanische Überlebende, unter ihnen Kassandra, eines der 19 Kinder von Priamos und Hekabe, seiner Frau, mit in die Gefangenschaft führen. Agamemnon, Heerführer des Griechenheeres vor Troja, bringt Kassandra als Beutestück mit nach Mykene, wo er und Kassandra von seiner Frau Klytaimnestra erschlagen werden.

Der Überlieferung nach ist die Ursache des Trojanischen Krieges die Entführung der Helena, Frau des Spartanerkönigs Menelaos, eines Bruders des Agamemnon, durch Paris, einen der Söhne Priamos' und Hekabes. Paris gelingt es mit Hilfe einer List, Achill zu töten, der wiederum zuvor Hektor, einen weiteren Sohn von Priamos und Hekabe, erschlägt. Achill tötet auch die Amazone Penthesilea, die auf Seiten der Trojaner kämpft. Aineias, Sohn des Anchises, gelingt unter Rettung seines Vaters und Mitnahme der Götterbilder die Flucht aus dem brennenden Troja. Er gelangt schließlich nach Italien und wird zum Gründer Laviniums.

Übernahme und Veränderungen

Christa Wolf übernimmt einen Großteil der Personen und Handlungen, schreibt den Stoff aber auch um, zum Teil aufgrund des Studiums antiker

2.2 Inhaltsangabe

Quellen, fügt neue Handlungsstränge und Personen ein, lässt andere fort und verändert teilweise die Personenkonstellationen. So schildert sie in aller Ausführlichkeit die Beziehung zwischen Aineias und Kassandra. In der Mythologie kommt eine Begegnung bzw. Beziehung zwischen den beiden Personen nicht vor. Ihr anderer Zugriff auf das Kriegsgeschehen wird v. a. daran deutlich, dass sie die Griechen und Trojaner alles Heldischen entkleidet. Achill, der Held Homers, wird bei ihr zum „Vieh", zum sadistischen Menschenschlächter, der noch die Toten schändet, Agamemnon, der „große und berühmte Flottenführer der Griechen" (56) ist ein „Schwächling ohne Selbstbewußtsein" (ebenda). Der Trojanische Krieg wird nicht, dies ist wohl die einschneidendste Änderung, um Helena geführt, sondern um Vorrechte und Besitz. Es geht, muss Kassandra sich belehren lassen, um „das angestammte Recht, den Zugang zum Hellespont." (35) „Die wollen unser Gold. Und freien Zugang zu den Dardanellen", klärt Priamos seine Tochter auf (74 f.)[13]
Helena hat für Christa Wolfs Herrschende von Troja die Funktion einer Propagandalüge. Sie hält sich nicht in Troja auf.

> *„Die hethitische Aphrodite-Astarte*   **Die Helena-Lüge**
> *kann in den Helena-Mythos eingegangen sein, dessen eine Variante es ist, daß Helena niemals mit Paris nach Troja kam, sondern dem Paris auf Zypern begegnete, wo sie ein Freudenmädchen der Aphrodite gewesen sein kann (...) Danach floh sie, die alte orientalische Helena, nach Ägypten, vielleicht ‚entführt' von Paris, der, nach einer Überlieferung, vom König Proteus zunächst gefangengesetzt, dann nach Troja geschickt wurde; während er, Proteus, der ägyptische König, die schöne Helena behielt, der Kampf um Troja also um ein Trugbild geführt wurde: um eine von den Dichtern erfundene Figur."* (KV, S. 103)

---

13 siehe zu den Ursachen des Krieges auch KV, S. 104

2.2 Inhaltsangabe

In der Erzählung wird uns der teils übernommene, teils veränderte mythologische Stoff in der Rückschau Kassandras vermittelt. Dabei greift die Erzählung weit über die Darstellung der kriegerischen Ereignisse hinaus; vielmehr vermittelt uns

> Ein Erinnerungsmonolog

der Erinnerungsmonolog Kassandras Einblicke in die jüngste Vergangenheit, nämlich die Überfahrt mit dem Schiff von Troja nach Mykene, und in ihre früheste Kindheit. Zwischen den beiden Polen Erzählerinnen-Gegenwart (die Fahrt auf dem Gefangenenkarren vom Hafen zur Burg des Agamemnon) und Erzählerinnen-Vergangenheit (die früheste Kindheit) stellt Kassandra, ohne eine chronologische Ordnung einzuhalten, ihre Lebensgeschichte dar. Vermischt wird dies mit Reflexionen, Kommentaren, Gedanken und Gefühlen, Ausrufen, Redewiedergaben, Dialogen. Episode um Episode, Ereignis um Ereignis wird aneinander gereiht, dem assoziativen Erinnerungsstrom und den Gefühlen der Ich-Erzählerin folgend. Aus den Elementen dieses Puzzles entsteht ein Bild des Krieges und des Lebens der Protagonistin. Sie schildert ihre Jugend, die Beziehung zu Geschwistern und Eltern, ihre erste Begegnung mit Aineias im Zusammenhang mit der entwürdigenden Prozedur der Entjungferung bei der Einführung ins Priesterinnenamt, die Vorboten des Krieges und das sich verändernde politische und gesellschaftliche Leben in Troja. Ereignisse des Krieges werden dargeboten, die Landung der Griechenflotte, der Kampf Hektors mit Achill, der Tod Penthesileas, die Zerstörung der Stadt nach der erfolgreichen List des Odysseus, die Trennung von Aineias und seine Flucht. Eingebunden ist all dies in die Schilderung ihrer Loslösung von Priamos, Vater und König zugleich, und in die Darstellung des Lebens in den Ida-Bergen, der subversiven Gegenwelt Trojas, und ihrer Beziehung zu dem weisen Anchises und zu Arisbe. Die Schilderung ihrer Träume und Anfälle nimmt einen großen Raum ein ebenso wie Reflexionen über die Sprache und ihren Gebrauch bzw. Missbrauch. All dies ist verbunden mit einer wachsenden Selbstkritik, die Kassandra in die Lage versetzt, Wünsche, Zweifel, Ängste, Hoffnungen und eigenes Verhalten offen und schonungslos zu reflektieren. Christa Wolf fasst ihre Ansicht der Kassandra-Figur und des Stoffs in den Vorlesungen zusammen und soll deshalb ausführlich zu Wort kommen:

> Die Kassandra-Figur Christa Wolfs: auf dem Weg zur Autonomie

„(...) Kassandra, älteste und geliebteste Tochter des Königs Priamos von Troja, eine lebhafte und politisch interessierte Person, will nicht, wie ihre Mutter Hekabe, wie ihre Schwestern, das Haus hüten, heiraten. Sie will etwas lernen. Für eine Frau von Stand ist Priesterin, Seherin der einzig mögliche Beruf (...). Dieser Beruf, ein Privileg, wird ihr zugeschoben: Sie soll ihn nach dem Herkommen ausfüllen. Genau dies muß sie verweigern – zuerst, weil sie auf ihre Art den Ihren, mit denen sie innig verquickt und verbunden ist, am besten zu dienen meint; später, weil sie begreift, daß die Ihren nicht die Ihren sind. Ein schmerzhafter Loslösungsprozess, in dessen Verlauf sie, wegen ‚Wahrheitssagen' zunächst für wahnsinnig erklärt, dann in den Turm geworfen wird – von ihrem geliebten Vater Priamos. Die Gesichter, von denen sie überwältigt wird, haben nichts mehr mit rituellen Orakelsprüchen zu tun: Sie sieht die Zukunft, weil sie den Mut hat, die wirklichen Verhältnisse der Gegenwart zu sehen. Das schafft sie nicht allein. Unter den heterogenen Gruppen im Palast und um ihn – sozial und ethnisch heterogen – findet Kassandra Anschluß an Minderheiten. Dadurch begibt sie sich bewußt ins Abseits, entledigt sich aller Privilegien, setzt sich Verdächtigungen, Verhöhnungen, Verfolgungen aus: der Preis für ihre Unabhängigkeit. Kein Selbstmitleid; sie lebt ihr Leben, auch

2.2 Inhaltsangabe

> *im Krieg. Versucht den Spruch aufzuheben, der über sie verhängt ist: daß sie zum Objekt gemacht werden soll. Am Ende ist sie allein, Beute der Eroberer ihrer Stadt. Sie weiß, daß es für sie keine lebbare Alternative gegeben hat."* (KV, S. 96 f.)

Der Erinnerungsmonolog Kassandras löst die Chronologie der Ereignisse auf, wobei zugleich die persönliche Geschichte Kassandras, ihre Entwicklung und Emanzipation, mit den Ereignissen des Krieges verschränkt ist.

Um den Zugang zum Inhalt der Erzählung zu erleichtern, wird im folgenden Abschnitt die Chronologie der Ereignisse rekonstruiert. Es bietet sich an, diese Ereignisse in drei große Phasen einzuteilen, nämlich die **Vorkriegszeit,** die **Kriegszeit** und die **Zeit nach der Eroberung Trojas.**

Vorkriegszeit

Noch vor Kassandras Geburt liegt die **Aussetzung von Paris** (54 f.). Da ein Orakelspruch verkündet hat, Paris werde die Ursache für den Untergang Trojas sein, gibt Priamos die Anweisung, das Kind zu töten. Den Hirten, der dafür ausersehen ist, dauert aber das Kind, er vermag es nicht zu töten, sondern setzt es aus. Um Priamos zu täuschen, bringt er diesem eine Hundezunge und gibt diese als Zunge von Paris aus. Noch in der Vorkriegszeit liegt die Mission, die die trojanische Geschichtsschreibung am Hofe von Priamos mit der Bezeichnung das **ERSTE SCHIFF** belegt (34 ff.). Das Schiff ist ausgeschickt worden, um Opfergaben zum Orakel von Delphi zu bringen und um mit den Griechen über den Zugang zum Hellespont zu verhandeln. Die Verhandlungen enden ohne Ergebnis; aber Lampos, der die Mission leitet, bringt aus Delphi den Apollonpriester **Panthoos** mit, den er wie ein Beutestück präsentiert, obwohl Panthoos ihm freiwillig gefolgt ist. Panthoos setzt in Troja durch, was Priamos sich wünscht, nämlich die Abschaffung der Knabenopfer (38). Ebenfalls noch in der Vorkriegszeit liegt ein schmerzliches Ereignis für Kassandra, der Verlust ihres geliebten Bruders Aisakos, der sich aus Trauer über den Tod seiner Frau Asterope von den Klippen ins Meer stürzt. Der **Tod des Aisakos** führt dazu, dass Kassandra zum ersten Mal in einen anfallähnlichen Zustand verfällt, der mehrere Tage andauert. Das **ZWEITE SCHIFF** wird ausgeschickt, mit Aineas Vater Anchises und dem Seher Kalchas an der Spitze. Der Auftrag besteht darin, die angeblich vom Spartanerkönig Telamon geraubte Hesione, die Schwester Priamos', zurückkzuführen. Aber die Mission scheitert doppelt. Das **ZWEITE SCHIFF** kehrt nicht nur ohne Hesione zurück, die Telamons Frau und Königin von Sparta geworden ist, sondern auch ohne den Seher Kalchas. Dieser ist freiwillg in Griechenland geblieben, aber aus Staatsraison wird die Propagandalüge verbreitet, Kalchas werde von den Griechen als Geisel festgehalten (38–43). Kassandra muss feststellen, dass sich ein „Ring des Schweigens" (42) um sie legt, ihr die Wahrheit vorenthalten wird. Von Aineas erfährt Kassandra die Wahrheit; zum ersten Mal spricht nun eine fremde Stimme aus ihr, zum ersten Mal entäußern sich ihr Schmerz, ihre Wut, ihre Angst und ihre Verzweiflung in einem **Anfall**. Mit Aineas, Anchises Sohn, ist ein wichtiges weiteres Ereignis in Kassandras Jugendzeit verbunden. Mit anderen Mädchen wartet Kassandra, die sich entschlossen hat, Priesterin zu werden, im Tempelbezirk auf einen Mann, um defloriert zu werden. Aineas erscheint, doch sie vollziehen den Beischlaf nicht, denn ihre Liebe zu einander steht den „Erwartungen" im Wege (20). Entjungfert wird Kassandra später durch Panthoos, der Kassandra zur

> Verlust des Bruders Aisakos/ Kassandras Verzweiflung

> Kassandras 1. Anfall

> Ausbildung zur Priesterin und Defloration

2.2 Inhaltsangabe

Chorführerin und Priesterin ausbildet und der sie entjungfert, als sie, dem Brauch entsprechend, in einer Nacht beim Götterbild zu wachen hat (30). In Kassandras Jugendzeit fällt auch die erste Begegnung mit **Arisbe**, der Gegenwelt der Ida-Berg-Gemeinde und dem Kybele-Kult (50 ff.) Anlass, Arisbe aufzusuchen, ist das Schweigen des Palastes im Zusammenhang mit der **Rückkehr des Paris**, der bei Kampfspielen auftaucht und aus diesen als Sieger hervorgeht (49). Paris provoziert den Spartanerkönig **Menelaos**, als dieser in Troja zu Besuch ist, mit Fragen nach seiner schönen Frau Helenea und mit dem Versprechen, Priamos' Schwester Hesione nach Troja zurückzubringen oder, falls sie ihm verweigert werde, eine andere, schönere Frau (gemeint ist Helena) nach Troja zu führen. Alle Anwesenden ahnen das Entsetzliche, das in dieser Aussage von Paris steckt, Kassandra aber reagiert mit ihrem **zweiten Anfall** und der Warnung „Laßt das Schiff nicht fort!" (63) Im Zusammenhang mit der Rückkehr von Paris wird auch zum ersten Mal **Eumelos** erwähnt, der Organisator der Palastwache, die immer mehr zu einer Geheim- und Sonderpolizei, einem Staat im Staate wird. Das **DRITTE SCHIFF** bricht, unter der Führung von Paris, auf (48 f., 64 f.). Als das **DRITTE SCHIFF** zurückkehrt, hat sich in Troja bereits sehr viel verändert. Die Leute des Eumelos bestimmen das Leben in der Stadt, ein Überwachungs- und Spitzelwesen ist etabliert worden. Es wird die Kunde verbreitet, Paris habe, um die Demütigung, die Priamos durch den Raub seiner Schwester angetan worden sei, zu löschen, kurzerhand Helena, die Gattin von Menelaos und schönste Frau Griechenlands, entführt (68 ff.) Paris selbst ist nicht an Bord des Schiffes, auch von Helena ist nichts zu sehen. Nach Monaten erst kommt Paris auf einem ägyptischen Schiff und führt eine verschleierte Person von Bord.

Vorahnung des Krieges/2. Anfall

2.2 Inhaltsangabe

Seiner Schwester Kassandra gesteht er ein, dass das Volk getäuscht worden ist und er Helena nicht bei sich führe. Diese ist ihm vielmehr vom König von Ägypten abgenommen worden. Dennoch wird öffentlich an der Lüge festgehalten, Helena sei in Troja. Kassandras **dritter Anfall** ist die Reaktion auf dieses Täuschungsmanöver und das Wissen, dass Troja nun verloren ist (73). Kassandra, inzwischen zur Priesterin geweiht und mit der Sehergabe ausgestattet, behält ihr Wissen für sich, warnt das Volk von Troja nicht, sondern versucht, ihren Vater dazu zu bewegen, mit den Griechen zu verhandeln und die Delegation des Menelaos, die die Herausgabe Heleneas fordert, mit Gastgeschenken heimzuschicken. Dies jedoch lehnt Priamos ab, so dass der Krieg unausweichlich wird. Ein Winter vergeht, und im Frühjahr beginnt der Krieg. Die griechische Flotte landet vor Troja, die Truppen erstürmen den Strand, und inmitten der Truppen der Griechen größter Held, Achill, für den Kassandra nur den Namen **Achill das Vieh** verwendet. Gleich am ersten Tag des Krieges schlägt Achill Kassandras Bruder **Troilos** im Apollon-Tempel tot (76 ff.). In ihrem Schmerz wird Kassandra von Aineas getröstet, zu dem sie eine Liebesbeziehung entwickelt (79 f.). Je länger der Krieg dauert, desto mehr nähert sich Kassandra der Welt am Ida-Berg und den beiden weisen Alten, Arisbe und Anchises, an und geht zugleich immer mehr auf Distanz zu ihrem Vater.

Der Krieg wird zum Alltag, aber Troja hält Stand, die Griechen plündern die vorgelagerten Inseln und entferntere Küstenstädte (104). Nach innen hin baut Eumelos seine Macht aus, kontrolliert alles und jeden (107). Er ist auch die treibende Kraft, die Hektor zum Helden aufbaut,

Randnotizen:
— Vorahnung der Niederlage/3. Ar
— Der Krieg
— Verlust des Bruders Troilos/Liebe zu Aineas
— Die Gegenwelt

2.2 Inhaltsangabe

der im Zweikampf von Achill getötet wird und dessen Leiche sich Achill in Gold aufwiegen lassen bzw. gegen **Polyxena**, eine Schwester Kassandras, eintauschen will (117 f.). Der Krieg erreicht eine neue Stufe der Brutalität, als Achill zwölf Gefangene abschlachtet, aus Rache für den Tod des Patrokolos, seines Geliebten (119). Der Krieg geht in sein letztes Drittel, die Amazonen verstärken die Truppen Trojas. Die Anführerin der Amazonen, **Penthesilea**, wird im Kampf von Achill besiegt, der die tote Frau schändet. Raserei erfasst die Frauen, die um Penthesilea trauern; als Panthoos erscheint, töten sie ihn (125 ff.) Als Paris den Plan entwickelt, Achill eine Falle zu stellen, indem man ihn glauben macht, Polyxena warte im Tempel auf ihn, wendet sich Kassandra gegen diesen Plan, weil sie sieht, dass Polyxena benutzt werden soll. Offen

Kassandras NEIN/Haft

vertritt sie ihr „Nein" gegenüber ihrem Vater und wird im Heldengrab eingesperrt (131 ff.). Paris' Plan gelingt. Die Griechen töten Achill (136 f.) Nach ihrer Entlassung aus der Gefangenschaft, Kassandra lebt jetzt in der Ida-Berg-Gemeinde, schickt Priamos nach ihr. Auf sein Drängen hin wird Kassandra mit **Euryplos** verheiratet, der den Trojanern dies zur Bedingung für die Bereitstellung seiner Truppen gemacht hat. Am Tag nach der ersten Nacht mit Kassandra fällt er in einem Kampf, Kassandra aber ist schwanger von ihm (139). Das letzte Kriegsjahr ist

Vor der Niederlage: Kassandra bleibt in Troja

längst angebrochen, als Kassandra Zwillinge zur Welt bringt. Aineas fordert Kassandra auf, gemeinsam mit ihm und den Kindern Troja zu verlassen; doch Kassandra entscheidet sich zu bleiben (143 f.). Das Ende des Krieges bringt eine List – von Odysseus ausgedacht. Kassandras Warnungen, das hölzerne Pferd, das die – vermeintlich in die Heimat segelnden – Griechen zurückgelassen haben, nicht in die Stadt zu ziehen, werden in den Wind geschlagen. Dem Bauch des Pferdes entsteigen in der Nacht die griechischen Kämpfer, machen alles nieder, was sich ihnen in den Weg stellt. Kassandra wird von Klein Aias vergewaltigt (142 f.). Als Gefangene wird sie nach Griechenland geführt, wo Klytaimnestra sie töten wird (144/45).

Den Tod vor Augen

2.3 Aufbau

Ich-Erzählsituation

Sieht man von wenigen Zeilen am Anfang und am Ende der Erzählung ab, so liegt mit dem Erinnerungsmonolog Kassandras eine Ich-Erzählsituation vor. Diese Erzählsituation unterscheidet sich von der auktorialen und der personalen Erzählsituation dadurch, dass das Erzählte aus der Perspektive des Ich-Erzählers (hier: der Ich-Erzählerin) präsentiert wird. Die Erzählende gehört zum Personal der Erzählung und breitet vor den Rezipienten ihre Meinungen, Gefühle, Ansichten über die dargebotenen Geschehnisse (der äußeren und inneren Welt) aus. Der Erzählvorgang selbst kann in dieser Erzählsituation zum Gegenstand der Erzählung werden.

Redeformen

Im inneren Monolog der Ich-Erzählerin werden durch unterschiedliche Redeformen (direkte Rede/indirekte Rede/innerer Monolog), Passagen der berichtenden Erzählweise sowie Elemente der szenischen Darstellung die Erzählerinnen-Gegenwart und Erzählerinnen-Vergangenheit verkoppelt. Dabei kommt es zu einem „Doppelspiel von erinnerndem und erinnertem Ich"[14], insofern Kassandra ihre Vergangenheit gleichzeitig darbietet und reflektiert, sich auf unterschiedlichen Ebenen des Bewusstseins mit sich selbst und ihrer Vergangenheit auseinander setzt. Der Prozess des Offenlegens ihrer Geschichte ist gleichzeitig (im Prozess des Erzählens) Arbeit am eigenen Ich. Der Selbstfindungsprozess der Hauptfigur ist somit nicht abgeschlossen, sondern wird im Prozess des Erzählens weitergeführt.

Auktoriale Erzählerfigur

Der innere Monolog Kassandras ist umschlossen von wenigen Zeilen eines

---

14 Stanzel, S. 33

anonymen auktorialen Erzählers (einer anonymen Erzählerin), die Kassandras letzte Lebensstationen beschreiben:
Das Löwentor von Mykene. Dieser Kommentar beschreibt gleichzeitig den Standort der auktorialen Erzählfigur in der Gegenwart, der mit dem der Ich-Erzählerin identisch ist: Auch die auktoriale Erzählerin steht unter dem Löwentor. Gleichzeitig ist dies auch ein Standort Christa Wolfs während ihrer Griechenland-Reise.
Die Erzählung beginnt mit den Zeilen:

> *„Hier war es. Da stand sie. Diese steinernen Löwen, jetzt kopflos, haben sie angeblickt."* (5) Sie endet mit dem Zeilen: *„Hier ist es. Diese steinernen Löwen haben sie angeblickt. Im Wechsel des Lichts scheinen sie sich zu rühren."* (144)

Auffällig ist dreierlei an diesen beiden Abschnitten. Zunächst der Wechsel der **Beginn und Ende: Veränderungen** Zeit (Präteritum zu Beginn/Präsens im Schlussteil) im jeweils ersten Satz. Mit dem Präsens des ersten Satzes des Schlusskommentars wird in der Zeitform der letzte Satz der Ich-Erzählerin aufgegriffen und an diesen angeknüpft („Sie kommen." 144). Während die auktoriale Erzählerin zu Beginn über etwas Vergangenes erzählt (Präteritum), wird das Erzählte durch den Wechsel des Tempus von Präteritum zu Präsens im Schlussteil in die Gegenwart verlängert. Der Tempuswechsel verweist somit auf eine Ent-Historisierung der Ich-Erzählerin bzw. des Stoffs der Ich-Erzählung. Aus der Vergangenheit wird der Stoff (seine Thematik) in die Gegenwart geholt.
Der Eindruck der Gegenwärtigkeit, dies das zweite, wird betont durch die Auslassung des zweiten Satzes des Anfangskommentars („Hier stand sie.") im Schlusskommentar. Drittens werden im Schlusskommentar die steinernen Löwen – unter Verzicht auf den Hinweis „jetzt kopflos" – belebt: Sie

2.3 Aufbau

scheinen sich im Wechsel des Lichts zu rühren. Die tote Materie wird verlebendigt; auch das unterstützt den Eindruck der Gegenwärtigkeit. Gleichzeitig wird eine Veränderung der Wahrnehmungsweise der Erzählfigur deutlich:

> Veränderungen der Erzählerfigur und ihrer Wahrnehmungsweise

„Zum Erfahrungsgewinn der Erzählfigur gehört, dass sie sich der Veränderbarkeit des Wahrnehmungsvermögens bewusst wird. Nicht einmal der Stein ist unwandelbar fest, abgeschlossen in seinem Erscheinungsbild. Im Sich-Einlassen auf die – gewandelte – Magie des Ortes wird der Scheincharakter von ‚Erkenntnis' und ‚Gewissheit' offenkundig. Die Zuordnungen sind nun freier geworden, auf Festlegungen wird verzichtet (‚scheinen' sich zu rühren). Der ‚Rahmen' mit dem Bild des Tores als adäquater Metapher weist auf die Spannweite der Erzählung und auf den intendierten Leseprozess: Zwischen Hoffnung und Verzweiflung gibt es ein mitzudenkendes Drittes."[15]

Die Erzählfigur hat damit den Erkenntnisprozess der Ich-Erzählerin mitvollzogen und sich aus der einseitigen Struktur des abendländischen Denkens mit seiner einseitigen Orientierung auf intellektuelle Erkenntnis und „Objektivität" gelöst.

> Der Übergang zwischen den Erzählsituationen

Der einleitende Kommentar und der Beginn der Ich-Erzählung sind verbunden durch den Satz: *„Mit der Erzählung gehe ich in den Tod."* (5) Hier spricht schon nicht mehr die auktoriale Erzählfigur und noch nicht die Ich-Erzählerin (es sei denn, man unterstellt, Kassandra bezeichne ihren Erinnerungsmonolog als „Erzählung"). Dieser eigentümliche Satz ist für verschiedene Deutungsansätze offen:

a) Die Erzählfigur des Anfangskommentars offenbart mit diesem Satz das Gefühl der Bedrohung, der Angst und der

---

[15] H. Mauser, S. 294

2.3 Aufbau

Ausweglosigkeit, das sie – angesichts des Schicksals der Ich-Erzählerin – empfindet. Die Erzählung wäre somit nicht nur Dokument der Befreiung der Angst (nicht von der Angst!) der Ich-Erzählerin, sondern auch der der (auktorialen) Erzählfigur. Es wird also von keiner vergangenen Angst berichtet, sondern von einer gegenwärtigen, die in die Lebenswelt der Erzählfigur (und damit in die Gegenwart der Rezipienten) hineinreicht. Der Satz greift somit auch das Ineinandergreifen der verschiedenen Zeitebenen (Tempuswechsel) auf.

b) Mit diesem Satz wird Kassandras Schicksal – auch ihrem Tod – ein Sinn gegeben. Dieser ist in der Überlieferung der Geschichte Kassandras zu sehen, in dem Versuch, sie aus der männlichen Überlieferungsgeschichte zu befreien. Historische Erinnerungsarbeit und weibliche Geschichtsschreibung fallen in eins. Kassandras Austritt aus der Geschichte (ihre Entscheidung für den Tod) wird gleichzeitig geschichtsstiftend, indem der männlichen Geschichtsschreibung eine weibliche gegenübergestellt wird.

c) Durch den Satz: „Mit der Erzählung gehe ich in den Tod" ‚anverwandelt' sich die Autorin ihre Figur „Kassandra". Die Anverwandlung erfolgt über den Schmerz. So fragt sich Christa Wolf im Hinblick auf ihre Kassandra-Figur:

„Besteht ihre Zeitgenossenschaft in der Art und Weise, wie sie mit Schmerz umgehen lernt? Wäre also der Schmerz – eine besondere Art von Schmerz – der Punkt, über den ich sie mir anverwandle, Schmerz der Subjektwerdung?" (KV, S. 89)

Demnach beschreibt der Satz das Nebeneinander von Autorin und Figur, nicht ihre Identifikation, insofern die Identifikation den anderen als anderes auslöscht, die Anverwandlung das Subjekt demgegenüber verdoppelt.[16]

Anverwandlung

---
[16] vergl. H. Mauser, S.291–294, Weigel, S. 70, Risse, S. 91 f.

2.3 Aufbau

Kassandra präsentiert uns in ihrem Erinnerungsmonolog die Geschichte ihrer Selbstfindung nicht in chronologischer Ordnung. Vielmehr gibt es einen ständigen Wechsel zwischen Erzählerinnen-Gegenwart (die Fahrt auf dem Gefangenenkarren bis zum Löwentor) und Erzählerinnen-Vergangenheit (die von ihrer frühen Kindheit bis zur Überfahrt nach Griechenland reicht). Auch in der Schilderung der Erzählerinnen-Vergangenheit wird keine Chronologie eingehalten, sondern das Leben der Ich-Erzählerin wird in Vor- und Rückblenden dargeboten. Das Erzählte entspringt dem assoziativen Erinnerungsstrom der Erzählenden. Aus Gedanken, Gefühlen, Reflexionen und Redewiedergaben – unterbrochen und gleichzeitig kommentiert durch Sprünge in die Erzählerinnen-Gegenwart – setzt sich das Erzählte mosaikhaft zusammen. Neben Schilderungen des Krieges stehen Träume und Anfälle, stehen Traumdeutungen und Reflexionen der Anfälle.

Erzählrhythmus und subjektives Moment des Erzählens

Treffend hat Sibylle Cramer den Erzählrhythmus beschrieben als alternierend

> *„zwischen Erinnerung und Zustandsbericht. Ein Angstmonolog, der von der mit ihrer Todesangst Ringenden ausgeht und sich in die Geschichte des Trojanischen Krieges entfernt, um immer wieder zu der Wartenden zurückzukehren, ein schweifendes, kreisendes Erzählen. Seine Bewegungen werden mit fortschreitendem Bericht immer weiträumiger."*[17]

Diese Art des Erzählens setzt sich deutlich gegen „männliche Geschichtsschreibung" ab, die sich in Schlachtenschilderungen, Chronologievermittlung und der Darstellung des Wirkens „großer Männer" erschöpft. Das subjektive Moment (die Gefühle, insbesondere Angstgefühle) dominiert das scheinbar

---

17 S. Cramer, zitiert nach K. Sauer, S. 137

2.3 Aufbau

Objektive (die Kriegsereignisse) in der Darstellung, wobei gleichzeitig das Einwirken des Objektiven auf das Subjektive – vermittelt durch die Ich-Erzählerin – deutlich wird. Das, was in der offiziellen Geschichtsschreibung vernachlässigt wird, nämlich die Gefühle und Ängste (insbesondere die der Frauen), wird ins Zentrum der Erzählung gerückt.

Durch den Erzählrhythmus wird aber gleichzeitig den Rezipienten Teilhabe am Lern- und Entwicklungsprozess der Protagonistin ermöglicht. Die Subjektwerdung Kassandras wird nicht in einem linearen Report vermittelt, sondern als wechselvoller und widersprüchlicher Prozess dokumentiert. Die Organisation der Erzählung als einer von Vor- und Rückblenden, Zeit- und Ortssprüngen bestimmten spiegelt somit den Entwicklungsprozess der Erzählenden im Strom des Erzählten wider.

Aus dem Strom des Erzählten ragt eine Passage in mehrfacher Hinsicht hervor, ohne dass hier die These vertreten werden soll, es handele sich dabei um den Erzählhöhepunkt in *Kassandra*: gemeint ist der **Dialog mit dem Wagenlenker**. In Kassandras Begründung für ihre Trennung von Aineias ist deutlich ein Geschichtspessimismus zu erkennen (siehe 143 f.). Die Geschichte erscheint als ein Kreislauf, als ein sich wiederholender Zyklus aus Gewalt, Krieg und Untergang. Hoffnung scheint es nicht zu geben und Kräfte, die diesen geschichtlichen Kreislauf, der auf Untergang programmiert ist, durchbrechen können, sind nicht in Sicht. Gegenbewegungen, wie etwa die Ida-Berg-Gemeinde, sind Experimente auf Zeit, sind nur in „Zeitlöchern" denk- und praktizierbar. Die, die aus den Kämpfen als Sieger hervorgehen, sind „arme Sieger", denn sie „müssen für alle, die sie getötet haben, weiterleben." (122)

> Der Dialog mit dem Wagenlenker

2.3 Aufbau

Vorbereitung des Dialogs: eine Annäherung

Kassandras letzte Stunden sind auch Stunden der Annäherung an diese „armen Sieger", an das Volk von Mykene. Diese Annäherung erfolgt allmählich, zunächst sprachlos, dann im Dialog.

> *„Was ich begreifen werde, bis es Abend wird, das geht mit mir zugrund. Geht es zugrund? Lebt der Gedanke, einmal in der Welt, in einem andern fort? In unserm wackern Wagenlenker, dem wir lästig sind?"* (7)

Kassandras Frage, ob ihre Einsichten und Erkenntnisse weiterleben werden, hat in dem griechischen Wagenlenker, der den Gefangenenkarren vom Schiff zur Burg führt, einen Bezugspunkt, jedoch noch kein Gegenüber, denn der Wagenlenker schweigt. Und auch die Frauen, die den Wagen begleiten und ihre Blicke auf Kassandra richten, ziehen sich „schaudernd" von ihr zurück (8).

Aus Neugier nähern sich die Landsleute des Wagenlenkers jedoch wieder den Gefangenen, betrachten und betasten die Beutestücke, die Agamemnon mit sich führt. Es kommt zu einem ersten, knappen Satz des Wagenlenkers:

> *„Der Wagenlenker, der sich seiner Landsleute zu schämen scheint, hat ihnen meinen Namen genannt. Da sah ich, was ich gewöhnt bin: ihren Schauder. Die besten, sagt der Wagenlenker, seien es allemal nicht, die zu Hause blieben."* (13)

Die Frauen von Mykene nähern sich dem Wagen, auf dem Kassandra sitzt, wieder an, schätzen sie ab, streiten darüber, ob sie schön sei (vergl. 13).

Ein Gespräch kommt noch nicht zustande. Dieses gelingt erst nach Kassandras Satz:

> *"Die Zukunftssprache hat für mich nur diesen einen Satz: Ich werde heute noch erschlagen werden."* (16)

Der Wagenlenker spricht Kassandra an, fragt sie, ob sie hungrig sei, redet beruhigend auf sie ein; doch Kassandra nimmt den Gesprächsfaden noch nicht auf, blockt ab:

> *"Ich werde ihn erschrecken müssen. – Ja, sage ich ihm, ich geh. Laß mich noch eine kleine Weile hier. Es ist nämlich so, weißt du, sag ich ihm, und suche ihn zu schonen: Wenn ich durch dieses Tor gegangen bin, bin ich so gut wie tot."* (16 f.)

Ein nächster Schritt der Annäherung erfolgt, ein Ansatz zu einem Dialog, wenn auch mit aggressivem Unterton auf beiden Seiten:

> *"Was will die Alte, Ausgemergelte von mir, was schreit sie denn. Das Lachen werde mir schon noch vergehn. Ja, sag ich. Das weiß ich. Bald."* (33)

Schließlich kommt es zur Annäherung über Sprache, kommt es zum Dialog. Bezeichnenderweise wieder nach einer sprachkritischen und sprachskeptischen Äußerung Kassandras *("Die Worte haben für uns keinen Sinn. Schwerer, leichter: Wie soll man solche feinen Unterschiede treffen, wenn alles unerträglich wird."* 121).

Kassandra sieht sich plötzlich von Leuten aus Mykene umringt, was sie in Erstaunen versetzt *("Was soll das. Was geschieht. Was wollen diese Menschen."* 121). Was die Mykener von ihr wollen, weiß Kassandra längst; sie wollen das Schicksal ihrer Stadt erfahren. Kassandra will zunächst nicht antworten und kommentiert:

> *"Arme Menschen. Wie sie meinen Troern ähneln. (...) Sag ich denen, ich weiß nichts, werden sie mir nicht glauben. Sag ich,*

2.3 Aufbau

> *was ich voraussah, **wie es jeder könnte**, bringen sie mich um. [...] Oder habe ich hier, anders als zuletzt in Troja, keine Überwacher. Sollte ich in der Gefangenschaft frei sein, mich zu äußern. Liebe Feinde. Wer bin ich, daß ich in Euch nur die Sieger, nicht auch die, die leben werden, seh."* (121 f., Hervorhebung nicht im Original)

Nach dieser kurzen Reflexionspassage, die zugleich geschichtskritisch und selbstkritisch ist (die Griechen ähneln den Troern/ Kassandra stellte sich selbst in Frage – ‚Wer bin ich, ...' –) ist Kassandra zum Dialog bereit. Die Wandlung ihrer Einstellung zu sich selbst und zum Verlauf der Geschichte wird deutlich, denn ihrer Reflexion vorangestellt ist der an Aineias gerichtete Satz von der „Wiederholung", die sie nicht mehr will. Indem sie den Dialog beginnt, wird dieser Satz aufgehoben, zumindest aber relativiert. Sprache ist nicht mehr reduziert auf einen Satz „Ich werde heute noch erschlagen werden." Kassandra spricht wieder in der Gegenwartssprache, im Dialog.

> *„Ich sage ihnen: Wenn ihr aufhörn könnt zu siegen, wird diese eure Stadt bestehn.*
> *Gestatte eine Frage, Seherin – (Der Wagenlenker.) – Frag.*
> *– Du glaubst nicht dran. – Woran. – Daß wir zu siegen aufhörn können. – Ich weiß von keinem Sieger, der es konnte. – So ist, wenn Sieg auf Sieg am Ende Untergang bedeutet, der Untergang in unsere Natur gelegt.*
> *Die Frage aller Fragen. Was für ein kluger Mann.*
> *Komm näher. Wagenlenker. Hör zu. Ich glaube, daß wir unsere Natur nicht kennen. Daß ich nicht alles weiß. So mag es, in der Zukunft, Menschen geben, die ihren Sieg in Leben umzuwandeln wissen."* (122)

2.3 Aufbau

Dieses Gespräch Kassandras mit dem Wagenlenker ist in mehrfacher Hinsicht von Bedeutung:

Die Bedeutung des Dialogs

1. durchbricht es die von Kassandra angenommene Unmöglichkeit einer Gegenwartssprache. Während der sich anbahnenden Annäherung zwischen dem Wagenlenker, den Leuten von Mykene und Kassandra kommt es bis zu diesem Punkt nie zu einem echten Dialog. Der Gesprächsbeginn einer Seite wird von der jeweils anderen Partei nicht aufgenommen oder schnell abgebrochen. Zudem wird die Rede jeweils einer Seite nur als indirekte Rede wiedergegeben. Das Gespräch mit dem Wagenlenker aber wird in **direkter Rede als Dialog** wiedergegeben (eine der wenigen echten Dialoge im Text überhaupt). Schon dadurch wird dieses Gespräch herausgehoben. Zudem findet es unmittelbar vor Kassandras Tod statt.

Gegenwartssprache und direkte Rede

2. Im Verlauf des Gesprächs „**intensiviert**" Kassandra die „**kommunikative Situation**" durch ihre Aufforderung: *„Komm näher."*[18]

Kommunikation

3. Der **Geschichtspessimismus** Kassandras **wird durchbrochen**, indem sie es in der Zukunft für möglich hält, dass die Kette von Sieg und Niederlage zerschlagen werden kann, wenn es gelingt, zu siegen aufzuhören. Der Untergang, der mit dem Sieg verbunden ist, erscheint nicht als eine anthropologische Konstante, als ein „Gesetz", das in der Natur des Menschen angelegt ist. Kassandra bezeichnet dies als die **„Frage aller Fragen"**.

Geschichtsauffassung

4. Kassandra bricht in ihrem Gespräch mit der traditionellen Seherrolle, in der der Wagenlenker sie immer noch anspricht („Seherin").

Eine neue Auffassung vom Sehen

---
18 W. Grauert, S. 428

2.3 Aufbau

Sie macht ihm dies mit dem Hinweis deutlich, dass sie nicht alles wisse. Gleichzeitig wird dieser Bruch verdeutlicht durch den Hinweis, dass sie nur voraussagt, was jeder sehen könne (s. o.). Ihre Einsichten beruhen nicht auf göttlicher Inspiration, sondern auf der Analyse von Geschichte und Gesellschaft. Das **Sehen wird** somit **entmystifiziert**. Der Wagenlenker erlebt diesen Erkenntnisprozess an sich selbst, denn auf seine Frage nach der Zukunft Mykenes antwortet Kassandra schon nicht mehr und braucht es auch nicht mehr zu tun („*Der Wagenlenker, bleich geworden, tritt zurück. Ihm braucht man nichts mehr zu sagen.*" 122). Kassandra selbst hat den „Verkündigungston" (s. o.) aufgegeben.

Dialog mit einem „armen Feind"

5. Der Dialog findet statt mit einem Angehörigen des „feindlichen" Volkes der Griechen. Doch genau mit diesen Feinden ist Kommunikation möglich. Aus Feinden werden **„liebe Feinde"**, die Sieger werden zu **„armen Siegern"**. Angesichts der Entstehungszeit und Erscheinungszeit der Erzählung (Auseinandersetzung um die „Nachrüstung") ist in Kassandras Gespräch mit dem Wagenlenker somit auch die Überwindung von Freund-Feind-Schemata (damals NATO – Warschauer Pakt) antizipiert.

Dialog mit einem Menschen aus dem Volk

6. Der Dialog findet statt mit einem Vertreter der „unteren Schichten". Kassandra wendet sich somit zum ersten Mal direkt in einem Gespräch an einen Angehörigen des Volkes (alle anderen Gespräche führt sie mit Mitgliedern ihrer Familie oder des Königshauses, mit ihren Bediensteten, mit den Vertretern der Religion oder Angehörigen der Ida-Berg-Gemeinde und den Amazonen). Den Abstand, den sie früher bewusst eingehalten hat, gibt sie damit auf. Sie findet in einem Vertreter des Volkes ein kommunikatives Gegenüber und kann einen herrschaftsfreien Dialog führen. Ihre Wertschät-

zung des Wagenlenkers findet Ausdruck in der Bezeichnung **"Ein kluger Mann".**

Im Dialog mit dem Wagenlenker wird der Geschichtsentwurf Kassandras, den sie im (zeitlich früheren, in der Erzählung allerdings am Ende geschilderten) Gespräch mit Aineias entwickelt hat, relativiert und (teilweise, bezogen auf die fernere Zukunft, also unsere Gegenwart!) zurückgenommen. Der Trostlosigkeit (*"Trostlos. Wie alles trostlos ist."*,141) wird das „Prinzip Hoffnung" (Ernst Bloch) entgegengestellt. Somit ist der Dialog, das „Testament" Kassandras,[19] auch Aufforderung an die heutigen Rezipienten, die Möglichkeit einer Veränderung zur Wirklichkeit werden zu lassen. Aber auch Mahnung, ganz im Sinne der Brecht'schen „Mutter": „Bedenkt, wenn ihr versagt!"[20]

Das „Prinzip Hoffnung"

---

19 W. Grauert, S. 427
20 B. Brecht, *Die Mutter*, 12. Bild, zitiert nach Brecht, Die Stücke in einem Band, Frankfurt 1981, S. 358

2.3 Aufbau

STRUKTUR

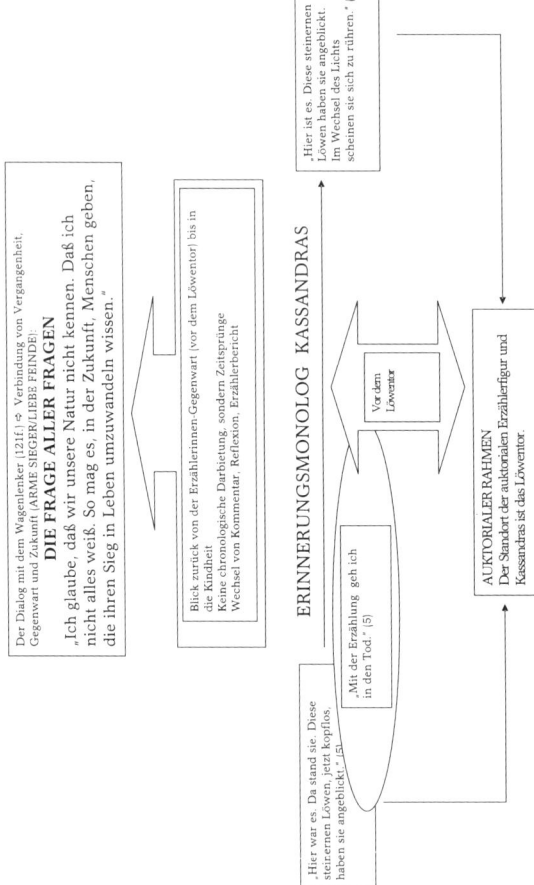

2.4 Personenkonstellation und Charakteristiken

Der folgende Abschnitt rückt die Hauptfigur der Erzählung in den Vordergrund und schildert ihren Entwicklungsprozess. Weitere wesentliche Figuren werden (alphabetisch geordnet) kurz und stichwortartig behandelt; zwei Schaubilder (s. S. 59 und 60) sollen das Beziehungsgeflecht der Figuren veranschaulichen.

ACHILL: Achill ist ein Schlächter und Sadist, er ist ACHILL DAS VIEH. Brisies, Polyxena und Penthesilea fallen ihm zum Opfer, ebenso Troilos. Achill kennt keine Regeln, setzt sich über religiöse Gesetze hinweg (er tötet Troilos im Tempel); im innersten Kern ist er ein Schwächling, der seine Schwäche durch eine Mischung aus Mordlust und gierig-sexueller Grausamkeit zu übertünchen versucht.

AINEAS: Aineas verkörpert ein positives Männerbild, obwohl er am Krieg auf Seiten der Troer beteiligt ist. Er erweist sich als zärtlich, sensibel, verständnisvoll und wird zur Gegenfigur zu all den negativ besetzten Männerbildern der Erzählung. Die Liebe zwischen Kassandra und Aineas ist auch, aber nicht nur körperlicher Art. Gleichwohl trennt sich Kassandra von Aineas und bleibt in Troja, als Aineas vor dem Ende die Stadt verlässt.

ANCHISES: Anchises gehört zu denen, die der Palastwelt den Rücken gekehrt haben. Er ist der weise Lehrer Kassandras, der ihr die Augen über ihren Vater und die Mechanismen des Krieges öffnet. Zugleich ist er ein sensibler und kreativer, kommunikativer und heiterer Mensch, dessen Freundlichkeit entwaffnend ist. Der Vater von Aineas ist der geistige Führer der Ida-Berg-Gemeinde, ohne allerdings damit Macht oder Privilegien zu verbinden.

ARISBE: Arisbe ist der Mittelpunkt der matriarchalisch organisierten Gegenwelt der Ida-Berg-Gemeinde. Ihre Gespräche

2.4 Personenkonstellation und Charakteristiken

mit Kassandra tragen ganz entscheidend dazu bei, Kassandras Selbsterkenntnisprozess voranzutreiben. Arisbe hat Kassandras inneren Zwiespalt erkannt. Sie weiß, dass Kassandras Anfälle der Versuch sind, die Konflikte, denen sie ausgesetzt ist, zu verdrängen. Arisbe begreift Kassandra in ihrer Widersprüchlichkeit, und deshalb gelingt es ihr, Kassandra ihre Mitverantwortung für den Krieg zu verdeutlichen und ihre Schritte zur Autonomie zu unterstützen.

EUMELOS: Vom Leiter der Palastwache wird er zum politischen und ideologischen Lenker Trojas, der die Palastwache zu einer Geheimorganisation macht, die alles und jeden kontrolliert und den Charakter einer Geheim- und Sonderpolizei bekommt (Anklänge an GESTAPO und STASI). Im Laufe des Krieges weitet er seine Macht immer stärker aus. Eumelos ist ein amoralischer Zyniker, der – letztlich ohne Ideale und Weltanschauung – sich jedem System zur Verfügung stellt.

HEKABE: Zu ihrer Mutter hat Kassandra zunächst ein eher unterkühltes Verhältnis. Hekabe verliert am trojanischen Hofe im Laufe des Krieges immer mehr an Einfluss. Erst spät erkennt Kassandra, dass Anchises der Berater ihrer Mutter ist und Hekabe zwar die Rolle der Königin am Hofe einnimmt, sich aber zur Ida-Berg-Gemeinde hingezogen fühlt.

HEKTOR: Hektor wird von Eumelos zum Helden aufgebaut. Eumelos will damit vor allem Hekabe treffen, deren Lieblingssohn Hektor ist. Er hat zu Kassandra ein gutes Verhältnis, zeigt sich offen für Gefühle und Gespräche. Unter dem öffentlichen Druck akzeptiert er aber die Rolle des Kriegers und zieht gegen Achill in den Kampf. Seinen Tod in dieser Auseinandersetzung sieht er in einem Traum voraus.

Das positive Vaterbild der Kindheit **KASSANDRA:** Kassandras Erinnerungen an ihre Kindheit sind bestimmt durch ein positives Vaterbild. Dem Vater, der zugleich Herr-

2.4 Personenkonstellation und Charakteristiken

scher ist, bringt sie zärtliche Gefühle entgegen, ihr Verhältnis ist durch körperliche Nähe gekennzeichnet. Priamos erscheint mehr als Vater denn als an Politik interessierter und für die Politik geeigneter Machthaber. Als der Vater durch die Kriegsereignisse bereits zerrüttet und verwahrlost ist (vergl. 15 f.), hat sie ein anderes Bild von ihm vor Augen. Sie will den König nicht vergessen,

> *„den ich als Kind über alles liebte. Der es nicht ganz genau nahm mit der Wirklichkeit. Der in Phantasiewelten leben konnte; nicht ganz scharf die Bedingungen ins Auge faßte, die seinen Staat zusammenhielten, auch die nicht, die ihn bedrohten. Das machte ihn nicht zum idealen König, doch er war der Mann der idealen Königin, das gab ihm Sonderrechte. Abend für Abend, ich seh ihn noch, ist er zur Mutter gegangen, die, häufig schwanger, in ihrem Megaron saß, auf ihrem hölzernen Lehnstuhl, der einem Thron sehr ähnlich sah und an den der König sich, liebenswürdig lächelnd, einen Hocker heranzog. Dies ist mein frühestes Bild, denn ich, Liebling des Vaters und an Politik interessiert wie keines meiner zahlreichen Geschwister, ich durfte bei ihnen sitzen und hören, was sie redeten, oft auf Priamos' Schoß, die Hand in seiner Schulterbeuge (die Stelle, die ich an Aineias am meisten liebte), die sehr verletzlich war und wo, ich sah es selbst, der Speer des Griechen ihn durchbohrte."* (16)

Schon durch den Verweis auf Aineias macht Kassandra deutlich, dass ihre Beziehung zu Priamos, dem Vater, durch körperliche Zuwendung gekennzeichnet ist. Und dass der Vater ihr als König nicht geeignet erscheint, macht ihn in ihren Augen nur noch liebenswürdiger. *„Schade sei es, jammerschade, daß nicht ich, an seiner Stelle und in seinen Kleidern, am Morgen auf dem hochlehnigen Stuhl im Rat sitzen könne"* (47 f.), sagt

2.4 Personenkonstellation und Charakteristiken

Priamos zu seiner Tochter einmal, an ihrem Lager sitzend und mit ihr Staatsgeschäfte besprechend. Das Verhältnis Kassandras zu Hekabe, ihrer Mutter, ist demgegenüber durch Distanz gekennzeichnet.

> „Hekabe, die Mutter hat mich früh erkannt und sich nicht weiter um mich gekümmert. Dies Kind braucht mich nicht, hat sie gesagt. Dafür hab ich sie bewundert und gehaßt. Priamos der Vater brauchte mich." (14)

Zerwürfnis zwischen Tochter und Vater

Das für Priamos Unvereinbare, nämlich liebevoller Vater sein zu wollen und an Staatsgeschäften kaum interessiert zu sein, aber eben diese Staatsgeschäfte doch betreiben zu müssen, und im Laufe des Krieges immer mehr betreiben zu müssen, weil seine Schwäche, die für Kassandra Stärke ist, unter dem Druck der Öffentlichkeit und der Kräfte um die Palastpartei des Eumelos ihm selbst immer mehr als Schwäche erscheint, er folglich stetig in die ihm vorgeschriebene Rolle hineinwächst, führt auf Dauer zum Zerwürfnis zwischen Vater und Tochter. Für Kassandra beginnt ein langer, von Widersprüchen, Rückschlägen und Selbstzweifeln begleiteter Loslösungsprozess von Priamos. Dem König steht schließlich der Vater im Wege; er legt die Vaterrolle auch gegenüber der Lieblingstochter ab. Als Kassandra sich weigert, Polyxena zu instrumentalisieren, um Achill eine Falle zu stellen, kommt es zum endgültigen Bruch (siehe 132 ff.). Der Vater verfügt daraufhin ihre Inhaftierung. Am Ende ihres Erkenntnisprozesses

Revidierung des Vaterbildes

muss Kassandra sich eingestehen, dass sie Priamos verkannt hat. Er erweist sich als Repräsentant eines patriarchalisch-militaristischen Systems, das alles und alle an den Erfordernissen des Krieges misst. Über eine lange Zeit hinweg hat Kassandra immer wie-

2.4 Personenkonstellation und Charakteristiken

der versucht, sich vor Einsichten abzuschotten, doch der Krieg holt Kassandra immer wieder ein, macht ihre Flucht – auch Flucht vor ihren Einsichten – unmöglich. Ihre „Gier nach Erkenntnis" setzt sich durch, gewinnt die Oberhand. Sie will das Gespinst von Lügen und Intrigen durchdringen, kann sich nicht willig in das Freund-Feind-Schema einordnen. Sie will die Gründe wissen, die zum Krieg führten, will das, was ist und was sie „sieht", offen aussprechen.

> *„Wann Krieg beginnt, das kann man wissen, aber wann beginnt der Vorkrieg. Falls es da Regeln gäbe, müßte man sie weitersagen. In Ton, in Stein eingraben, überliefern. Was stünde da. Da stünde unter andern Sätzen: Laßt Euch nicht von den Eignen täuschen."* (71)

Kassandra muss feststellen, dass sie von den Eigenen getäuscht worden ist.

Kassandras spätes NEIN

Sie muss sich aber auch eingestehen, dass sie am Krieg Mitschuld trägt, weil sie zu lange geschwiegen hat. Die Verweigerung der Zustimmung zur herrschenden Politik erfolgt erst, als sie merkt, dass sie in der Gefahr steht, ihre Identität völlig zu verlieren („Der Krieg griff den Männern in die Brust und tötete den Vogel. **Erst als er auch nach meiner Seele griff, da hab ich ‚Nein' gesagt.**" 83/ Hervorhebung nicht im Original). Durch ihr Schweigen macht Kassandra sich zur Komplizin.

Zu Kassandras Identitätsfindung trägt entscheidend ihr Kontakt zur Gegenwelt am Skamandros, der Lebensgemeinschaft am Ida-Berg, bei.

Kontakt zur Gegenwelt

Den Weg zum Ida-Berg geht Kassandra immer öfter, um sich Rat zu holen und Auskünfte, die der Palast ihr verweigert, weil er sie nicht geben kann, da der Palast ihre Fragen nicht einmal versteht (vergl. 52). Der „steinernen Palast- und Stadt-

2.4 Personenkonstellation und Charakteristiken

welt" steht die „Neben-, ja Gegenwelt" gegenüber, die „pflanzenhaft wuchs und wucherte, üppig, unbekümmert, so als brauche sie den Palast nicht, so als lebte sie von ihm abgewandt." (52) Zunächst ist Kassandras Haltung (noch) gespalten, ihre Identifikation mit den Eigenen noch nicht völlig aufgelöst. Priamos hält noch einen Teil von ihr besetzt, allerdings schon nicht mehr den freundlichen, freudigen, unbefangenen. Dieser Teil in ihr zieht Kassandra zu der Gruppe um Anchises und Arisbe. Und dieser Teil in ihr gewinnt schließlich die Oberhand, wird mächtiger, stärker, gibt ihr die Kraft und den Mut, die Identifikationsangebote des Vaters auszuschlagen und ihre Identität in dem anderen WIR zu suchen, von dem sie nach einem Gespräch mit Arisbe sagen kann: **„Da endlich, hatte ich mein ‚Wir'."** (130)

Identitätsfindung

Kassandras Erinnerungsmonolog sucht auch die Antwort auf die Frage: „Warum wollte ich die Sehergabe unbedingt?" (6 und 11)
Die Seher der Antike (und auch der Erzählung, z. B. Kalchas) sind Priester, die die Stimme ihrer Götter sind. Sie haben die Fähigkeit, das Schicksal der Menschen, das von den Göttern bestimmt wird und dem sie nicht ausweichen können, vorauszusehen. In ihren Prophezeiungen weisen sie den Menschen den Weg, den sie nach dem Willen der Götter gehen müssen. Aus der Konfrontation des Menschen mit seiner schicksalhaften und unausweichlichen Zukunft kann Tragik erwachsen. Kassandras Sehen ist ein anderes. „Mit meiner Stimme sprechen: Das Äußerste. Mehr, andres hab ich nicht gewollt." (6)
Die Seherin Kassandra ist nicht die Stimme der Götter, zwar allwissend, aber dennoch nur „ausführendes Organ", sondern sie bringt ihr Ich zum Tragen: Es ist **ihre Stimme**, die spricht. Das, was sie zu sagen hat, vermittelt ihre eigenen Erfahrun-

gen. Ihr Sehen ist (auch) selbstbezogen, „denn ich zog Lust, aus allem, was ich sah – Lust; Hoffnung nicht! – und lebte weiter, um zu sehn." (6)

Ihre Sehergabe ist nicht verknüpft mit der Deutung göttlicher Hinweise, sondern resultiert aus Einsicht in die Wirklichkeit. Aus der Analyse der Gegenwart und dem Studium des menschlichen Lebens und Zusammenlebens speist sich ihre Einsicht in den Gang der Geschichte. Das Sehen ist für Kassandra verbunden mit Wissen und Erkenntnis. Und dieses Wissen will sie weitergeben an die Menschen, indem sie keine unabänderlichen Antworten und Lehren verkündet, sondern ihnen Fragen aufgibt. Kassandras Sehergabe ist gekoppelt an ein gesellschaftliches Privileg, das Amt der Priesterin. Darin ist ein Konflikt angelegt. Ihr Sehen weist über die gesellschaftlichen Normen hinaus, ist tendenziell gesellschaftskritisch. Ihr Amt dagegen ist Teil dieser gesellschaftlichen Ordnung und darauf angelegt, die Normen zu perpetuieren. Aus diesem Widerspruch, der Kassandra in einen Zwiespalt stürzt, resultieren seelische Konflikte.

Der Widerspruch des Amtes

In dem Maße, wie Göttinnen durch Götter verdrängt werden, verdrängen Priester auch Priesterinnen. Kassandra lebt in einer Zeit, in der das Amt des Oberpriesters ebenso von einem Mann bekleidet wird (Panthoos) wie das Amt des Haruspex, der den Willen der Götter aus den Innereien von Tieren oder dem Flug der Vögel deutet, von Männern ausgeübt wird (Kalchas, Helenos, Laokoon). Kassandra erlangt das Priesterinnenamt durch die Zurücksetzung ihrer Schwester Polyxena. Priamos unterstützt ihren Wunsch ebenso wie Hekabe. Dies will Kassandra lange nicht wahrhaben. Nur so lässt sich ihre scharfe Reaktion erklären, als Panthoos ihr er-

Das Priesterinnenamt als Fol von Privilegien

2.4 Personenkonstellation und Charakteristiken

öffnet, dass die Erlangung des Amtes Begünstigungen geschuldet sei (siehe 17 und 23). Kassandra sieht im Priesterinnenamt eine Möglichkeit, der festgelegten Frauenrolle zu entkommen; sie sieht in der Bekleidung des Amtes, das sie aus der Masse der Frauen heraushebt, eine Chance zur Selbstbestimmung. Sie muss sich später eingestehen, dass auch Eitelkeit im Spiel war. Sie glaubt, in ihrer Entscheidung für das Amt frei gewesen zu sein, ihren eigenen Wunsch realisiert zu haben. Doch im Zuge ihrer Selbstvergewisserung und Selbstkritik erkennt sie, dass das Amt ihr zugeschoben worden ist. Sie muss sich eingestehen, dass sie lange an einem Wunschbild von sich selbst festgehalten hat, dass ihr das Amt nicht aufgrund von Verdiensten zuerkannt worden ist (siehe 26). Sie, die nach Freiheit strebte, wird nun in das Leben des Palastes, dessen Teil das Priesteramt ist, eingebunden:

Priesteramt und Sehergabe als Fessel

„*Durch den Jahreslauf des Gottes und die Forderungen des Palastes wurde mein Leben bestimmt. Man könnte auch sagen: erdrückt. Ich kannte es nicht anders. Lebte von Ereignis zu Ereignis, die, angeblich, die Geschichte des Königshauses ausmachten. Ereignisse, die süchtig machten, auf immer neue Ereignisse, zuletzt auf Krieg. Ich glaube, das war das erste, was ich durchschaute.*" (30 f.)

So wird das, was Freiheit bringen soll, zur Fessel, die Kassandra (neben der Zuneigung zum Vater) an das Königshaus bindet und ihren Emanzipationsprozess erschwert. Das Amt steht ihrer Autonomie entgegen. Ihre Erkenntnisfähigkeit wird blockiert: **„Ich sah nichts. Mit der Sehergabe überfordert, war ich blind."** (30) Ihr Emanzipations- und Selbsterkenntnisprozess führt dazu, dass sie wieder sehend wird.

2.4 Personenkonstellation und Charakteristiken

MYRINE: Die Amazone im Gefolge Penthesileas weckt in Kassandra eine tiefe Zuneigung, was ein Grund dafür ist, dass Penthesilea Kassandra mit Kälte begegnet. Myrine stellt sich den Griechen entgegen, als diese dem hölzernen Pferd entsteigen, und wird getötet.

PARIS: Paris übernimmt rasch die herrschenden Denkstrukturen, verbündet sich mit Eumelos, benutzt skrupellos seine Schwester Polyxena, um Achill in die Falle zu locken und dadurch seine Position zu festigen. Unter seiner Führung will eine Gruppe Troer griechische Gefangene niedermetzeln, was Kassandra verhindert. Eitel, eiskalt und machthungrig tritt Paris auf.

PANTHOOS: Panthoos verleiht Kassandra die Priesterbinde; er verachtet die gewöhnlichen Menschen, hat sich zu einem Zyniker entwickelt, der seine Priestertätigkeit ganz in den Dienst der Mächtigen stellt. Im Grunde ist er ein Feigling.

PENTHESILEA: Penthesilea kommt mit den Amazonen nicht nach Troja, weil sie die Sache der Trojaner betreiben will, sondern weil sie gegen alle Männer kämpft. Deshalb lehnt sie das Angebot ab, in den Höhlen am Skamander zu leben. Sie entscheidet sich für den Kampf gegen Achill, der sie tötet.

POLYXENA: Im letzten Drittel des Erinnerungsmonologs kommt Kassandra zum Eingeständnis, Polyxena gegenüber schuldig geworden zu sein. Kassandra wird Polyxena bei der Entscheidung für das Priesteramt vorgezogen, was dazu führt, dass die Schwestern ein Jahr nicht mehr miteinander sprechen. Polyxena leidet darunter, dass sie nicht Priamos' Liebingstochter ist; ihr Leben wird bestimmt durch Akte der Selbstzerstörung und der sexuellen Erniedrigung (Andron, Achill).

PRIAMOS: Kassandra hat positive Erinnerungen an ihre Kindheit und den Vater, den sie über alles liebt. Genau das

2.4 Personenkonstellation und Charakteristiken

weiß Priamos, der im Laufe des Krieges zusehends verfällt, auszunutzen, um Kassandra lange auf seiner Seite zu halten. Immer mehr gerät er unter den Einfluss von Eumelos, der König steht dem Vater immer mehr im Wege.

2.4 Personenkonstellation und Charakteristiken

Personengruppierungen

Trojaner und Verbündete /Zitadelle
Priamos Hektor Helenos Eumelos Lykaon Andron Polyxena Herophile Laokoon

Penthesileia/Myrine

KASSANDRA

Hekabe Parthena Marpessa

Paris

Aineas

Troilos

Briseis

Panthoos

Lampos Kalchas

KASSANDRA
Aineas
Anchises
Merops

Penthesileia

Arisbe

Oinone

Aisakos Asterope

Killa

Gegenwelt am Skamander / Ida-Berg-Gemeinde

Hesione

Briseis
Diomedes

Hesione → Telamon

Killa

GRIECHEN
Panthoos
Agamemnon
Klytaimnestra Iphigenie
Menelaos Helena
Achill Aias Odysseus

Kalchas

2.4 Personenkonstellation und Charakteristiken

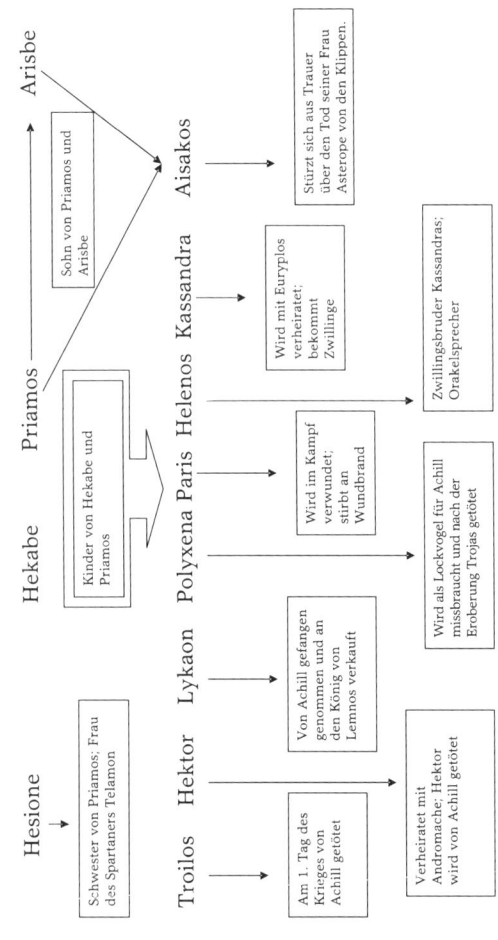

2.5 Sachliche und sprachliche Erläuterungen

Troja	im Text *Troia*; an der Meerenge der Dardanellen (auch Hellespont genannt) gelegen; existierte von etwa 3600 v. Chr. bis 1500 n. Chr.; die Zerstörung im Trojanischen Krieg wird auf etwa 1200 v. Chr. datiert. Der zweite Name der Stadt war *Ilion*; davon ist *Ilias* abgeleitet, der Titel des Versepos von Homer, das wahrscheinlich in der zweiten Hälfte des 8. Jahrhunderts vor Chr. entstanden ist und rund 15000 Verse umfasst. Seit den Ausgrabungen von Heinrich Schliemann im Jahre 1870 auf dem Hügel Hissarlik (türk. Staatsgebiet) ist Troja aus dem Reich des Mythos in die Wirklichkeit gehoben worden.
die steinernen Löwen (5)	Löwenskulpturen auf dem Tor der Burg in Mykene, Abb. des Löwentors s. S. 63
das Skäische Tor (8)	eines der Stadttore von Troja
das Pferd der Griechen (9)	dem Mythos nach ein Holzpferd, das die Griechen vor Troja zurückließen, als sie ihre Heimfahrt vortäuschten; die Trojaner zogen das Pferd – siegestrunken – in die Stadt; im Bauch des Pferdes wa-

2.5 Sachliche und sprachliche Erläuterungen

	ren die besten griechischen Kämpfer versteckt, die die Tore öffneten und die Truppen in die Stadt ließen; die List soll von Odysseus ausgedacht worden sein.
Megaron (16)	Halle; auch Kern eines größeren Gebäudes oder Tempels
Tamariske (19)	Strauch mit kleinen Blättern und rosafarbenen Blüten
Hethiter (45)	Volk in Kleinasien
Weiden (81)	Weiden sind ein Symbol der Unfruchtbarkeit; Oinone sagt einmal zu Kassandra, Weiden „*töten die Begierden*" (81)

Die Welt der Götter

Zeus	Sohn von Chronos und Rhea; oberster aller Götter, beherrscht den Himmel (Zeus = der Lichte); sein Symbol ist der Blitz, der zugleich das Licht und den Tod repräsentiert
Apollo	Gott der Jugend, der Musik und der Heilkunst; Zwillingsbruder von Artemis, Gott der Weissagung; gilt als mächtigster der Götter neben Zeus; sein Beiname *Phoebus* bedeutet „der Lächelnde".
Artemis/Diana	Tochter des Zeus und der Leto; Göttin der Jagd; in den alten kleinasiatischen Kulten galt sie als

2.5 Sachliche und sprachliche Erläuterungen

	Fruchtbarkeitsgöttin, bei den Helenen wurde sie zur Repräsentantin der Keuschheit.
Athene	Lieblingstochter des Zeus; Athene verkörpert das Prinzip der weiblichen Weisheit; Schutzgöttin Trojas
Aphrodite	Göttin der Schönheit und der Liebe

2.6 Stil und Sprache

Christa Wolfs Protagonistin ist auf der Suche nach ihrer Identität, und gleichzeitig mit ihr scheint die Autorin auf der Suche nach einer angemessenen Sprache zu sein, um diesen Prozess vor uns auszubreiten.

Die Sprache der Erzählung/ Sprachstile und -ebenen

Der widersprüchliche Prozess der Entwicklung Kassandras findet sich wieder in Widersprüchen der sprachlichen Gestaltung dieses Prozesses. „Die Sprache wechselt auf ungewohnte Weise zwischen Hochsprache und Umgangssprache, zwischen grammatisch richtigem Satzbau und Satzbrüchen, zwischen echten Fragen und rhetorischen Fragen."[21] Konjunktive, Ellipsen, Einschübe und Klammern sind zu finden, Gedankenstriche, Ausrufe (Ja! Doch) treten häufig auf. Etwa so:

> „Gern wüßte ich (was denk ich da! gern! wüßte? ich? Doch. Die Worte stimmen.) gern wüßte ich, welche Art Unruhe, unbemerkt von mir, mitten im Frieden, mitten im Glück: so redeten wir doch! solche Träume schon heraufrief." (20)

Der Jambus regiert über weite Passagen den Text. Ebenso auffällig eine altertümliche Schreibweise der Namen (z. B. Troia statt Troja, Mykenae statt Mykene, Aineias statt Äneas). Die Verwendung des Jambus und die Schreibweise der Namen sind Mittel einer künstlichen Archaisierung.

Sprachkritik

Die Selbstvergewisserung Kassandras ist auch eine Vergewisserung über ihre Sprache und vermittels ihrer Sprache und Sprachkritik: Ihre Reflexionen bestimmen den Satzbau und die Semantik. Sie führt einen Dialog mit sich selbst, der selbst- und sprach-

---

21 H. Henze, S. 54

2.6 Stil und Sprache

kritisch ist, und gleichzeitig ein „Gespräch" mit den Lesenden. *„Nie war ich lebendiger als in der Stunde meines Todes, jetzt."* Diese Aussage wird sprachkritisch hinterfragt: *„Was ich lebendig nenne?"* (Eine Frage Kassandras an sich, die doch auch eine Frage des Rezipienten sein könnte, insofern es sich um einen Nebensatz handelt: Du fragst mich, was ich lebendig nenne?) Weiter: *„Was nenne ich lebendig".* (Eine selbstbezogene Frage der Ich-Erzählerin, wenn auch ohne Fragezeichen. Zudem wird durch die Verschiebung im Satzbau das Wort, das es zu klären gilt, an das Ende des Satzes gerückt und betont). Es folgt die semantische Klärung: *„Das Schwierigste nicht scheuen, das Bild von sich selbst ändern."* Über die sprachliche Klärung des Begriffs hat ein Stück Selbstvergewisserung stattgefunden: Kassandra muss ihr altes Bild von sich ändern. Und dieses alte Bild schildert sie in den auf diese Sprachreflexionen folgenden Passagen, womit sie gleichzeitig Panthoos widerlegt, der im Anschluss an die zitierten Sätze behauptet: *„Nichts als Worte, Kassandra. Der Mensch ändert nichts, warum ausgerechnet sich selbst, warum ausgerechnet das Bild von sich."* (23/24) Wenn Dichtung bedeutet, sprachlich etwas „dicht" zu machen, dann „ereignet" sich in **Kassandra** „Dichtung". Und Christa Wolf lässt uns an diesem Prozess des Dicht-Machens teilhaben. Nun ist die Sprache Christa Wolfs, insbesondere der oft die Rede Kassandras regierende Jambus, nicht unumstritten. Werner Ross sieht ein Abgleiten ins „Banale, in den Edelkitsch" und fährt fort:

> Zwei Kritiker zur Sprache der Erzählung

„So bleibt auch das Stilproblem ungelöst. Was in ‚Kein Ort. Nirgends' aus einem Guss war, eine hohe Getragenheit, bricht sich hier im Bemühen, die Unmittelbarkeit des inneren Monologs, der die tägliche Redensart nicht meidet, mit einer rhyth-

2.6 Stil und Sprache

> *misch überhöhten Diktion zu verschmelzen, die antike Patina vortäuschen soll.*"[22]

Demgegenüber F. J. Raddatz:

> *„Das scheinbar Einfachste zuvor: Christa Wolfs Prosa ist makellos. Es gibt keinen bemühten, ‚stilistischen' Satz in diesen Büchern. Jedes Wort, jeder Ton ist gesetzt mit einer inneren Selbstverständlichkeit, ruht in einer Balance, die Mühelosigkeit vortäuschen mag, sich aber wohl großer Sicherheit verdankt, und zwar einer sicheren **Haltung**. Wer so offen Skrupel und Bedenken, gedankliche Widerläufe und emotionale Fragwürdigkeiten eingesteht, ja, sie als Thema mitvariiert: dem kann die Sprache nicht mehr artistisch vertänzeln noch lautsprechen."*[23]

Die Reihe der positiven und negativen Kritiken zur Sprache von Christa Wolfs *Kassandra* kann um etliche Beiträge fortgesetzt werden; die Auseinandersetzung zwischen Kritiker(innen) und Befürworter(innen) der Sprache Christa Wolfs machen zumindest eines deutlich: Die Sprache der Erzählung ist keine, über die sich einfach hinweglesen lässt. Dass sich an ihr die Geister scheiden, lässt darauf schließen, dass Christa Wolf eine Erzählung vorgelegt hat, die niemanden kalt lässt. Die Erzählung stellt (auch sprachlich) eine Herausforderung an die Leserinnen und Leser dar. Vielleicht resultiert daraus ihr Erfolg.

---

22 Ross, in DIE WELT v. 23. 4. 1983
23 Raddatz, S. 48

2.6 Stil und Sprache

Sprachliches Mittel	Erläuterung	Textbeleg
Anapher	Wiederholung eines Wortes oder einer Wortgruppe am Anfang mehrerer aufeinander folgender Verse, Sätze oder Satzteile	Wehe, schrie sie. Wehe, wehe.(63)
Antiquitas	bewusste Verwendung eines veralteten Ausdrucks oder einer veralteten Schreibweise	Troer statt Trojaner Troia statt Troja
Ellipse	Auslassung eines Wortes, das für die vollständige syntaktische Konstruktion notwendig ist (z. B. Verzicht auf das Verb)	Ich fühllos lange Zeit. (79)
Enumeratio	Aufzählung/Reihung	Die plumpe kurzfingrige haarige Hand (...). (79)
Klimax	Anordnung nach dem steigernden Prinzip	Die nackte gräßliche männliche Lust. (79)
Metapher	Form des Bildes/Bildhafter Vergleich	Vernagelt war ich. (75)
Parallelismus	Wiederholung der Satzteilreihenfolge in aufeinander folgenden Sätzen.	Nichts von Arisbe. Nichts von Aineias. (75)
Rhythmisierung	wird in der Erzählung u. a. erreicht durch Verwendung des Jambus, stellenweise auch des Trochäus	

2.7 Interpretationsansätze

Der folgende Abschnitt stellt keine geschlossene Interpretation der Erzählung dar. Er greift vielmehr drei Aspekte bzw. Themenkreise heraus, die in Christa Wolfs Erzählung literarisch verarbeitet werden, nämlich die Frage nach der Zukunft der menschlichen Gesellschaft, die Möglichkeiten anderer Formen des Erkennens jenseits der reinen Rationalität und die Suche nach Möglichkeiten „weiblichen Schreibens". Zwischen dieses Themenkreisen bestehen Verbindungen und Überschneidungen.

„Wenn ich mich beobachte, ertappe ich mich täglich, nächtlich, auf einem andauernden inneren Monolog, der kaum abreißt: Ist Europa, sind wir zu retten? Wenn ich scharf, rational überlege, alle mir zugänglichen Informationen über die Rüstungen beider Seiten vor Augen halte, vor allem die Denkstrukturen, die diesen Rüstungen zugrunde liegen, dann heißt meine Antwort: Nein, oder: Wahrscheinlich nicht."[24]

Zwischen Resignation und Hoffnung

Das in **Kassandra** vermittelte Geschichtsbild erweist sich als zwischen den beiden Polen Geschichtspessimismus (Begründung für den Abschied von Aineias) und Geschichtsoptimismus (Wagenlenker-Dialog) pendelnd. Die Frage, ob angesichts der atomaren Bedrohung ein Geschichtsoptimismus überhaupt noch möglich ist, durchzieht auch die Vorlesungen. „Gibt es für uns eine Chance? Wie kann ich mich auf die Experten verlassen, die uns an diesen verzweifelten Punkt geführt haben?" (KV, S. 88) Die Entwicklung der (zivilen und militärischen) Atomtechnik birgt, so Christa Wolf, die Gefahr der Zerstörung der Welt in sich. („Nie sei die Ge-

---

[24] Christa Wolf, zitiert nach Sauer, *Ein Brief*, S. 62

fahr eines Atomkrieges in Europa so groß gewesen wie heute, erklärt das schwedische Institut für Friedensforschung in seinem Jahresbericht." KV, S. 87)
Christa Wolf sieht einen Hang zur „Nekrophilie, die sich in Stahl, Glas, Beton manifestiert (...)". (KV, S. 124) Und aus Ingeborg Bachmanns Franza-Fragment zitiert sie die Zeilen:

„Die Weißen kommen. Die Weißen gehen an Land. Und wenn sie wieder zurückgeworfen werden, dann werden sie noch einmal wiederkommen, da hilft keine Revolution und keine Resolution und kein Devisengesetz, sie werden mit ihrem Geist wiederkommen, wenn sie anders nicht mehr kommen können. Und auferstehen in einem braunen oder schwarzen Gehirn, es werden noch immer die Weißen sein, auch dann noch. Sie werden die Welt weiter besitzen, auf diesem Umweg." (KV, S. 154)

In einer Situation wie der heutigen, in der die Vernunft und die Wissenschaft, namentlich die Naturwissenschaft, pervertiert sind zu Instrumenten der Destruktion und in der „jeder Jubelschrei über irgendeine neue Errungenschaft von einem universalen Entsetzensschrei beantwortet werden"[25] müsse, ist nach Christa Wolf nur noch das

„ganz und gar Aussichtslose vernünftig. (...) Wenn die atomare Gefahr uns an die Grenze der Vernichtung gebracht hat, so sollte sie uns doch auch an die Grenze des Schweigens, an die Grenze des Duldens, an die Grenze der Zurückhaltung unserer Angst und Besorgnis und unserer wahren Meinungen gebracht haben." (KV, S. 88)

Rettung ist also nur dann möglich, wenn wir – wie es Kassandra im Laufe ihres Entwicklungsprozesss tut – unser Schweigen und Dulden überwinden, wenn wir unsere Angst

---

25 Brecht, *Leben des Galilei*, Frankfurt 1970, S. 126

2.7 Interpretationsansätze

„entzügeln", wenn wir wir selber werden und uns von Fremdbestimmungen und Objektivation (durch Ideologien, Herrschaft) lösen, wenn wir die Angst, die aus dem Streben nach Freiheit resultieren kann, nicht unterdrücken, sondern diese Angst „befreien". In den *Vorlesungen* verweist Christa Wolf zweimal (zustimmend) auf Lewis Mumfords Buch *Mythos der Maschine*. Über etwa eine Seite zitiert sie das Resümee aus Mumfords Buch, in dem es u. a. heißt:

Zivilisationskritik

> *„Wenn das Machtsystem nie so gewaltig schien wie heute, da es mit einer brillanten technischen Großtat nach der anderen aufwartet, so war auch seine negative, lebensverstümmelnde Kehrseite nie so gefährlich. [...] Jeder von uns kann, solange das Leben sich in ihm regt, in der Befreiung vom Machtsystem eine Rolle spielen, indem er in stillen Akten geistiger und physischer Lossagung – in Gesten der Nichtübereinstimmung, der Enthaltung, der Selbsteinschränkung und -hemmung, die ihn der Herrschaft des Macht-Pentagons entziehen – seinen Primat als Person geltend machen. Ist auch keine unmittelbare und vollständige Rettung vor dem Machtsystem möglich, am wenigsten durch Massengewalt, so liegen doch die Veränderungen, die dem Menschen Autonomie und Initiative wiedergeben werden, in der Reichweite der einzelnen Seele, wenn sie erst einmal aufgerüttelt ist. Nichts könnte dem Mythos der Maschine und der enthumanisierten Gesellschaftsordnung, die er hervorgebracht hat, gefährlicher werden als ein stetiger Entzug des Interesses, eine stetige Verlangsamung des Tempos, eine Beendigung der sinnlosen Gewohnheiten und gedankenlosen Handlungen. Und hat nicht all dies faktisch schon begonnen?"*[26]

---

26 zitiert nach KV, S. 120. Ein weiterer Verweis auf Mumford findet sich auf S. 118 in KV.

2.7 Interpretationsansätze

Dieses Zitat gibt in dreifacher Hinsicht Auskunft über Christa Wolfs Standort und Zukunftsanalyse, insofern erstens ein systemübergreifender zivilisationskritischer Ansatz deutlich wird (die Mega-Maschine, die in ziviler und militärischer Atomtechnik kulminiert), zweitens eine Absage an (zumindest klassisch-)orthodoxe marxistische Auffassungen über Gesellschaftsveränderungen erteilt wird (Ablehnung der gewaltsamen Revolution) und drittens der Widerspruch zwischen Gesellschaft und Individuum durch Veränderungen des Subjekts (Autonomie und Initiative) tendenziell aufgelöst wird.

Kassandras Lebensweg steht in diesem Kontext exemplarisch für den Versuch, Autonomie und Initiative wiederzugewinnen. Kassandra lernt es, sinnlose Gewohnheiten und gedankenlose Handlungen aufzugeben. Sie entzieht der Logik der Kriegsmaschine ihr Interesse, ihre Gesten der Nichtübereinstimmung sind für die Herrschenden gefährlich. Autonomiestreben und Gesellschaftsveränderung stehen somit nicht im Widerspruch, sondern gehen ineinander über. Daraus resultiert Hoffnung, so dass das Schlussbild der Erzählung als Metapher für Veränderungen gedeutet werden kann:

> Autonomie als Ziel

„Hier ist es. Diese steinernen Löwen haben sie angeblickt. Im Wechsel des Lichts scheinen sie sich zu rühren." (144)

Kassandras Weg zur Autonomie ist auch damit verbunden, dass sich Kassandra aus den vorherrschenden Denkmustern löst und andere Wege und Formen der Erkenntnis entdeckt. So enthält *Kassandra* mehrfach Traumdarstellungen und Traumdeutungens, etwa Hekabes „Paris-Traum" und seine Deutung durch Kalchas und Arisbe (siehe 53 f.), Hektors Traum (94 f.) und Polyxenas Träume (101 f.).

> Andere Formen der Erkenntnis: Träume

2.7 Interpretationsansätze

Die Träume nehmen visionär das Schicksal von Personen vorweg (Hektor) und verarbeiten Ängste, Wünsche, Obsessionen (Polyxena). Auch Kassandras Leben ist durch Träume (mit-)bestimmt, die Auskunft über ihren Seelenzustand geben. Manche Träume brennen sich unvergesslich in ihr Gedächtnis ein. Nach ihrer ersten Begegnung mit Aineias hat sie einen solchen Traum, der das Schicksal Trojas und Aineias' vorwegnimmt:

> „(...) ich träumte von einem Schiff, das den Aineias über glattes blaues Wasser von unserer Küste wegführte, und von einem ungeheuren Feuer, das sich, als sich das Schiff gegen den Horizont hin entfernte, zwischen den Wegfahrenden und uns, die Daheimgebliebenen, legte. Das Meer brannte. Dies Traumbild seh ich heute noch, so viele andre, schlimmere Wirklichkeitsbilder sich auch darübergelegt haben. Gerne wüßt ich (...), welche Art Unruhe, unbemerkt von mir, mitten im Frieden, mitten im Glück: so redeten wir doch! solche Träume schon heraufrief." (20)

Schon weit vor Beginn des Krieges ahnt Kassandra den kommenden Untergang Trojas und ihre Trennung von Aineias. Lange bevor rationale Erkenntnis und der Intellekt ihr diese Einsicht verschaffen, gibt ihre Seele ihr Antworten auf Fragen, die ihr Kopf erst später stellen wird. Unterhalb der intellektuellen Erkenntnis, die noch besetzt ist von ihrem bruchlosen Verhältnis zu den Eigenen, versetzt sie ihr Traum in Unruhe. In dem Maße, wie sie bereit ist, neben der rationalen Erkenntnis die Sprache ihres Körpers zuzulassen, sich also aus der herrschenden Logik zu lösen und die sinnliche Wahrnehmung als gleichberechtigt zu akzeptieren, schreitet ihre Emanzipation fort und werden die Träume als Befreiung empfunden: „Ein Ring, der äußerste, der mich um-

Die Sprache des Körpers: sinnliche Wahrnehmung

2.7 Interpretationsansätze

schlossen hatte, zersprang, fiel von mir ab, viele blieben. Ein Atemholen war es, ein Lockern der Gelenke, ein Aufblühn des Fleisches." (93) Dies sind Kassandras Sätze nach der Deutung des „Sonne-Mond"-Traumes durch Arisbe.

Kassandras Anfälle stehen immer in unmittelbarem Zusammenhang mit entscheidenden Ereignissen ihres Lebens. Alle Anfälle laufen nach dem gleichen Muster ab: Sie spricht mit einer „fremden" Stimme, Schaum tritt ihr vor den Mund, sie verliert die Kontrolle über ihren Körper, der sich in Zuckungen windet. Finger, Arme und Beine werden unbeherrschbar. Nur mit (Männer-)Gewalt ist sie zu bändigen. Der dritte Anfall Kassandras ist in mehrfacher Hinsicht von besonderer Bedeutung. Die Ausführlichkeit seiner Darstellung (vergl. 63 ff.) hebt seine Stellung hervor; zudem zeigt sich seine Wichtigkeit dadurch, dass er etwa in der Mitte der Erzählung angelegt ist und dass er von besonders langer Dauer ist. Des Weiteren ist augenfällig, dass die anderen geschilderten Anfälle jeweils einem wichtigen Ereignis folgen (Verlust des Aisakos/Aufdeckung der Kalchas-Lüge/Aufdeckung der Helena-Lüge). Der dritte Anfall jedoch hat prophetische Züge, denn Kassandra sieht den Untergang Trojas („Was in dieser Stunde seinen Ausgang nahm, war unser Untergang." 63).

Das „Muster" der Anfälle

Zur Bedeutung des dritten Anfalls

Hinzu kommt als wichtigster Faktor, dass die Bedeutung der Anfälle für Kassandra aufgedeckt wird. Es wird deutlich, dass der Anfall eine Reaktion Kassandras auf den Zwiespalt ist, in dem sie sich befindet. Kassandra erscheint der „Wahn-Sinn als Ende der Verstellungsqual" (64). Der Zwiespalt resultiert aus dem Widerspruch zwischen ihrem Hang zur Übereinstimmung mit den Herrschenden und ihrer Gier nach Erkenntnis und dem Versuch, beides nebeneinander existieren zu lassen.

2.7 Interpretationsansätze

Voraus-Sehen und Flucht vor der Wirklichkeit

Das Voraus-Sehen des kommenden Untergangs verschafft sich Platz in Kassandras Anfall. Losgelöst von ihrem Bewusstsein und der Sprache des Palastes stößt ihre Stimme die Warnung aus: „Laßt das Schiff nicht fort!" (63) Zugleich dient ihr der Anfall dazu, vor den Problemen in der Wirklichkeit (der Auseinandersetzung mit dem Vater und ihrer eigenen Verstrickung in die Machtpolitik) zu fliehen. Arisbe weist Kassandra darauf hin, dass die Flucht in den Wahnsinn eine wirkliche Lösung ihrer Probleme verbaut und dass sie diese Probleme nur überwinden kann, wenn sie sich ihnen stellt: „Tauch auf, Kassandra, sagte sie. Öffne dein inneres Auge. Schau dich an." (64).

In *Kassandra* sind Charaktere gezeichnet, die den Strukturen des abendländischen (nur rationalen) Denkens erlegen sind (Eumelos/ Priamos), aber auch solche, die sich aus seinen Fesseln befreit haben, ohne im Sektierertum oder Irrationalismus zu enden (Anchises).

Kassandra selbst berichtet uns von ihrem leidvollen Weg, das falsche Denken zu überwinden.

Eine neue Perspektive bei der Darstellung von Geschichte

Die Perspektive, aus der Kassandra bisher beschrieben worden ist, ist die Perspektive von Männern gewesen, die – bewusst oder unbewusst – das Denken ihrer Zeit, ihr Frauenbild, auf die Figur übertragen haben. Gegen dieses von Männern entwickelte Frauenbild schreibt Christa Wolf mit ihrer Kassandra-Figur an. Wenn sie Kassandra zu Klytaimnestra sagen lässt:

> „Schick mir einen Schreiber, oder, besser noch, eine junge Sklavin mit scharfem Gedächtnis und kraftvoller Stimme. Verfüge, daß sie, was sie von mir hört, ihrer Tochter weitersagen darf. Die wieder ihrer Tochter und so fort. So daß neben dem Strom

2.7 Interpretationsansätze

> *der Heldenlieder dies winzige Rinnsal, mühsam, jene fernen, vielleicht glücklicheren Menschen, die einst leben werden, auch erreichte."* (86),

dann wird diese neue Perspektive deutlich. Der von Männern gemachten und aufgeschriebenen Geschichte (dem Strom der Heldenlieder) soll eine weibliche Überlieferungstradition entgegengestellt werden. Die aus Geschichte und Literatur verschwundenen Frauen sollen wieder sprechen lernen, ihre Erfahrungen übermitteln. Und die Rolle der Sklavin, die einen verloren gegangenen Faden wieder aufnimmt und weiterträgt bis in die Jetzt-Zeit, übernimmt die Autorin. Das, was ihrer Kassandra-Figur noch verwehrt war, eine weibliche Geschichtsschreibung, die die Erfahrungen und Gefühle Kassandras übermittelt, erfüllt Christa Wolf, die ihre Erzähl-Figur von sich sprechen lässt. Sie gestaltet dabei auch das, was sie in der traditionellen Ästhetik als Mangel empfindet: die Gestaltung der Angst:

Gestaltung von Angst

> *„Welchen Stellenwert, frage ich Dich nun, hat die Angst – nicht die Angst in den Lehrbüchern der Psychiatrie, die nackte, blanke Angst, mit der eine gliederschlotternd und schlaflos allein ist, die ihr keiner glaubt: Welchen Stellenwert hat diese Angst, die andauert, in den Lehrbüchern der Werke-Ästhetik, in denen es ja um Selbst- und Stoffbeherrschung geht."* (KV, S. 153)

Die andere Perspektive dieser Literatur umschreibt Christa Wolf mit den Worten:

Weibliches Schreiben

> *„Inwieweit gibt es wirklich ‚weibliches' Schreiben? Insoweit Frauen aus historischen und biologischen Gründen eine andere Wirklichkeit als Männer erleben, und dies ausdrücken. Insoweit Frauen*

2.7 Interpretationsansätze

> *nicht zu den Herrschenden, sondern den Beherrschten gehören, jahrhundertelang, zu den Objekten der Objekte, Objekte zweiten Grades, oft genug Objekte von Männern, die selbst Objekte sind, also ihrer sozialen Lage nach, unbedingt Angehörige der zweiten Kultur; und insoweit sie aufhören, sich an dem Versuch abzuarbeiten, sich in die herrschenden Wahnsysteme zu integrieren. Insoweit sie, schreibend und lebend, auf Autonomie aus sind."* (KV, S. 114)

Aufhebung der Trennung von Subjekt und Objekt

Christa Wolf reduziert Wirklichkeit nicht auf die Beschreibung des Objektiven, Quantifizierbaren, statisch Messbaren. Ihr Wirklichkeits- und Wahrheitsbegriff hebt die Trennung von Subjekt und Objekt auf und gleichzeitig die Trennung von Geschichte und individueller Erfahrung. Zur Wirklichkeit gehören auch die Schreibenden selbst, ihr Bewusstsein. Dieses Verschmelzen von Objekt und Subjekt kann mit dem Terminus „subjektive Authentizität" belegt werden.

Die Erfahrung des Autors/der Autorin, seine/ihre Wahrnehmung der „objektiven Realität" verschmelzen im Prozess des Erzählens mit dieser Realität. Dies meint weder „subjektive Weltsicht, noch moralische Wahrhaftigkeit, sondern die Bereitschaft des Erzähl-Subjekts, sich seinem Stoff rückhaltlos zu stellen, ...auf die Verwandlung neugierig zu sein, die Stoff und Autor dann erfahren."[27]

Dieses Verfahren bedingt, dass es kein Regelwerk des Schreibens geben kann, da sich der Schreibende/die Schreibende jedem Stoff auf immer neue Weise nähern muss.

---

27 Greiner, S. 119

3. Themen und Aufgaben

Thema: Die Selbstfindung der Hauptfigur

- Untersuchen Sie, ausgehend von der Textpassage über Priamos (15 f.), Kassandras Beziehung zu ihrem Vater und die Bedeutung dieser Beziehung für ihre Entwicklung!   *Hilfen: 2.4/2.7*

- Analysieren Sie die Rolle von Anchises für Kassandra. Untersuchen Sie in diesem Zusammenhang die Gespräche zwischen Kassandra und Anchises (96 f./110 f.)!   *Hilfen: 2.4*

- Erarbeiten Sie die Funktion der Träume und Anfälle für Kassandra!   *Hilfen: 2.7*

Thema: Mythos und Aktualisierung

- Beschaffen Sie sich Informationen über die griechischen Helden Achill und Agamemnon (etwa in Gustav Schwab, *Klassische Sagen des Altertums*). Vergleichen Sie diese Darstellungen mit der Figurenzeichnung in *Kassandra*!   *Hilfen: 2.1/2.2/2.4*

- Erörten Sie, warum eine mythologische Figur wie Kassandra in den achtziger Jahren des 20. Jahrhunderts auf so großes Interesse beim Lesepublikum gestoßen ist!   *Hilfen: 1.2/4./5.*

3. Themen und Aufgaben

Thema: Aufbau und Stil
- Analysieren Sie den „Dialog mit dem Wagenlenker" (121 f.) hinsichtlich seiner Bedeutung für die Erzählung!   Hilfen: 2.3/5.
- Untersuchen Sie die Abschnitte „*Wenn ich...*" bis „*...sollte ich von meinem Körper reden.*" (84) hinsichtlich ihrer sprachlich-stilistischen Gestaltung!   Hilfen: 2.5/4.

4. Rezeptionsgeschichte

Christa Wolfs **Kassandra** gehört unzweifelhaft zu den Verkaufserfolgen der letzten Jahrzehnte. Im Jahre 1987, also vier Jahre nach dem Erscheinen der Erzählung, waren über 500 000 Exemplare verkauft, und dies, obwohl das Buch sich den Lesenden aufgrund der Erzählstruktur und der Fremdheit des Stoffs nicht eben einfach erschließt. Gestartet worden war **Kassandra** mit einer Auflage von 20 000 Exemplaren, die jedoch schon nach wenigen Tagen auf 40 000 erhöht worden war. Doch die Erzählung war (und ist) nicht nur beim Lesepublikum ein Erfolg. Auch von der Literaturkritik wurde sie – von einigen Ausnahmen abgesehen – positiv bis euphorisch rezensiert. Das Buch stand über Monate auf den Bestsellerlisten. Hörspiel- und Bühnenfassungen wurden erarbeitet. Der Autorin wurden zahlreiche Preise und Ehrungen zuteil, u. a. der österreichische Staatspreis für Europäische Literatur, Ehrendoktorwürde der Ohio State University und der Universität Hamburg sowie Ehrenmitgliedschaften in der Modern Language Association und der Hamburger Freien Akademie der Künste. Wenn man Gründe nennen will für den Erfolg des Buches, so ist sicherlich Hadwig Henze zuzustimmen, wenn sie schreibt:

Ein Bestseller

„Offensichtlich antwortet das Buch so genau und eindrucksvoll auf die geschichtliche und gesellschaftliche Situation, dass die Leser auch die anspruchsvolle Form und den Umweg über den zunächst fremden Stoff in Kauf nehmen. Es nimmt die Sorgen und die Probleme unserer Gegenwart auf: die Sorge um Abrüstung und Frieden und das neue Selbstverständnis der Frau. Damit kommt

Gründe für den Erfolg

4. Rezeptionsgeschichte

> *es auch den Bedürfnissen nicht nur der Gruppe, sondern auch des Einzelnen entgegen; es enthält eine Botschaft."*[28]

Wobei die Botschaft des Buches ihre tagespolitische Ergänzung und Einbettung durch die gleichzeitig erschienenen „Frankfurter Poetik-Vorlesungen" erfährt. In den *Voraussetzungen einer Erzählung: Kassandra* geht Christa Wolf nicht nur auf die Entstehung ihres Buches und die Aneignung ihrer literarischen Figur sowie Probleme des „feministischen Schreibens" ein, sondern sie stellt tagebuchartig Bezüge zur Politik, insbesondere zum Wettrüsten, zur Raketenstationierung („Nachrüstungs-Beschluss") und zur Friedens- und Frauenbewegung her. Erst dadurch konnte die literarische Kassandra zu einer Identifikationsfigur der Friedens- und Frauenbewegung im Kampf gegen Nachrüstung und Patriarchat werden. (siehe hierzu ausführlicher Kap. 1.2 dieses Bandes) Wobei, auch dies ist anzumerken, sich die Friedensbewegung der 80er Jahre von ihren Vorläuferinnen in den 50er und insbesondere den ausgehenden 60er Jahren (APO, Anti-Vietnamkriegsbewegung) durch das Aufnehmen von früher als „unpolitisch" gekennzeichneten Denkmustern und Anschauungen auszeichnet. Denn die politischen Proteste gehen einher mit einer Aufwertung des Persönlichen, Tendenzen zur Innerlichkeit, zum Spirituellen und Mystischen sowie einer Kritik an der Rationalität des technologischen Zeitalters und einer Hinwendung zu so genannten „post-materiellen Werten".

Das herrschende Denken, das als Denken der Herrschenden begriffen wird, charakterisiert Stefanie Risse so:

> *„Das abendländische Denken beruht auf der Trennung von erkennendem Objekt. Ziel jeder Erkenntnis ist die Nutzbarmachung des Objekts durch Einflussnahme, Nutzbarmachung zu-*

---

28 H. Henze, S. 52

4. Rezeptionsgeschichte

meist für den ökonomisch-technischen Fortschritt. Die Nützlichkeit wird zum alleinigen Maßstab erhoben, an dem jedes Objekt, an dem aber auch das eigene Denken und Handeln gemessen wird."[29]

In die Kritik an diesem Denken lässt sich Christa Wolf einreihen. Ihre Erzählung und die Vorlesungen spiegeln somit auch den „Zeitgeist" der ersten Hälfte der 80er Jahre wider.

Ein Zeitgeist-Buch

Die Autorin gerät in den Jahren von 1990–1993 dann allerdings in die heftigste öffentliche Kritik. Auch hier spielen zeitgeschichtliche Entwicklungen (Fall der Mauer, Ende der DDR, Wiedervereinigung) eine bedeutende Rolle.

Christa Wolf in der Kritik

Die Veröffentlichung von Christa Wolfs autobiografisch gefärbtem Bändchen **Was bleibt** (Luchterhand Verlag Frankfurt 1990, 112 Seiten) löste „Verärgerung, ja helle Empörung, aber auch Würdigung"[30] aus. Ein großer Teil der an der literarischen Debatte Beteiligten, die sich alsbald in die Lager der Christa-Wolf-Verteidiger und Christa-Wolf-Ankläger teilten, nahm nicht so sehr die „Erzählung", sondern vielmehr die Autorin aufs Korn und überschritt dabei, oftmals mit Schaum vor dem Mund, die Grenze zwischen (notwendiger) kritischer Schärfe und persönlicher Verletzung.

Da nennt Jürgen Serke in der WELT Christa Wolfs Veröffentlichung „das Gejammer einer Heuchlerin für Heuchler", und Matthias Altenburg tituliert die Wolf im stern eine „gesamtdeutsche Heulsuse".[31] Ulrich Greiner erklärt die Autorin in der ZEIT zur „Staatsdichterin" und Frank Schirrmacher entdeckt bei Christa Wolf und ihrem Verhältnis zur ehemaligen DDR eine „Mischung von Illusionsbereitschaft, Wunschden-

---

29 S. Risse, S. 18
30 A. Janssen-Zimmermann, NDL, 38. Jahrgang, 455. Heft, 1990, S. 157
31 Serke, DIE WELT v. 23. 6. 1990, M. Altenburg, stern v. 21. 6. 1990

4. Rezeptionsgeschichte

ken und bigotter Zustimmung".[32] Dabei benennen Greiner und Schirrmacher den Auslöser für die Polemiken deutlich: Es geht um das Verhältnis der Autorin Christa Wolf zum „real existierenden Sozialismus der DDR", die ja zum Zeitpunkt der Debatte schon nicht mehr existent ist. Der Text der Erzählung ist bereits 1979 entstanden, aber erst – leicht überarbeitet – 1989 zur Veröffentlichung freigegeben worden; somit erscheint er in der „Nach-Wendezeit". Die Ich-Erzählerin, eine Autorin, durchaus mit Privilegien ausgestattet, muss eines Tages feststellen, dass sie von der Stasi observiert wird und dass diese Observierung bereits seit zwei Jahren andauert. In einer Mischung aus „Fiktionalität" (Ich-Erzählerin) und „autobiografische(n) Motive(n)"[33] (aus dem Leben der Autorin Christa Wolf) werden Fragen des „real existierenden Sozialismus", der Rolle der Intellektuellen, der Literatur, der Sprache, der Selbstreflexion, des Verhältnisses von Anpassung und Widerstand thematisiert.

Im Mittelpunkt der Kritik aber stehen nicht so sehr Thematik und Machart des Textes, hier begnügt man sich oft allzu gerne mit einer Suada, die mehr über den Kritiker als über den Text aussagt, sondern von Anfang an der Zeitpunkt des Erscheinens. Der Text wird nämlich nun als Rechtfertigungs-Text gelesen. Man wirft der Autorin vor, sie, die Privilegien genossen habe und deren Existenz in der DDR nie gefährdet gewesen sei, wolle sich nun, nach der Wende, in die Rolle eines Opfers des Systems stilisieren. Vor dem 9. November, so etwa Greiner,

> „wäre die Publikation des Textes eine Sensation gewesen, der sicherlich das Ende der Staatsdichterin Christa Wolf und vermutlich ihre Emigration zur Folge gehabt hätte. Danach ist die

---
32 U. Greiner, DIE ZEIT v. 1. 6. 1990, F. Schirrmacher, FAZ v. 2. 6. 1990
33 vergl. H. Lehnert; in Weimarer Beiträge 37/91, S. 423 ff.

> *Veröffentlichung nur noch peinlich. Peinlich wie ihr Parteiaustritt zu einem Zeitpunkt, der keine Risiken mehr barg."*[34]

Und Peter Mohr weiß der Leserschaft des General-Anzeiger mitzuteilen: „1979 hätte dies (gemeint ist die Erzählung *Was bleibt*, B. M.) wahrscheinlich die Gemüter erhitzen können, hätte die angesehene und in der DDR mehrfach preisgekrönte Christa Wolf mit der Veröffentlichung ihres Textes ein Zeichen setzen können. Elf Jahre später liest sich der recht oberflächliche Text wie ein Relikt aus vergangener Zeit, wie der Versuch, sich zur rechten Zeit auf ein neues Pferd zu schwingen." Und weiter charakterisiert Mohr den Text kurz und bündig als „allenfalls das Niveau eines Zeitschriften-Dossiers" erreichend.[35]

Bei einer solchen Beurteilung tut sich natürlich die Frage auf, ob die Rezensenten bei einer früheren Veröffentlichung die Textqualität ebenso negativ eingestuft hätten, wie sie es nun durchweg tun.

Des Weiteren werden der Autorin angelegentlich der Rezension der Erzählung nun auch vermeintliche oder tatsächliche Privilegien und Verfehlungen sowie politische Wankelmütigkeit vorgeworfen. Hier werden keine neuen Erkenntnisse zutage gefördert, denn dass Christa Wolf das Privileg, ins Ausland reisen zu dürfen, genossen hat, war doch ebenso seit Jahren bekannt wie ihre Mitgliedschaft in der SED (Kandidatin des ZK von 1963 bis 1967) und die Tatsache, dass sie in der DDR zahlreiche Ehrungen erhalten hat. Aber zur Stimmungsmache gegen die Autorin reichen diese nun aufkommenden Vorhaltungen allemal. Von einer (wenn auch milden) Kritikerin der DDR wird sie nun zur „Staatsdichterin" (Greiner) gemacht, so als habe sie nach den Vorgaben von Staat und Partei Literatur verfasst.

---

34 Greiner, ebd.
35 P. Mohr, General-Anzeiger v. 28./29. 7. 1995, S. 18

4. Rezeptionsgeschichte

Die Rezensenten erreichen im Übrigen das, was sie der Autorin bzw. ihrem Werk als Mangel vorwerfen: Der Eklat ist da, die Gemüter erhitzen sich, das Werk selbst spielt keine Rolle mehr, bestenfalls die eines Durchlauferhitzers. Die Debatte um Literatur wird zu einer Debatte der Literaten. Es geht nicht mehr um ein literarisches Werk, sondern um das Selbstverständnis und die Selbstgerechtigkeit, die Eitelkeiten und Animositäten von Kritikern, Schriftstellern, Leitartiklern und Zirkulationsagenten des Literaturbetriebs. Im Übrigen geht es auch, das darf ja nicht vergessen werden, um die (politischen und ideologischen) Verwerfungen und Verunsicherungen, die die Wende und die ihr folgende Wiedervereinigung ausgelöst haben.

Als in diesem Amalgam von politischen Widersprüchen und verdeckt oder offen ausgetragenen persönlichen Eifersüchteleien befangen erweisen sich auch die, die für Christa Wolf Partei ergreifen, z. B. Walter Jens und Günter Grass. Unter dem Druck der politisch geführten Debatte spielt auch für sie die Erzählung nur eine Nebenrolle, die Parteinahme für die Autorin wird ins Zentrum gerückt, so etwa wenn Grass im Gespräch mit dem „Spiegel" sagt:

> *„Ein Buch wird benutzt, über das man literarisch so oder so urteilen kann, um mit der ganzen Person abzurechnen."*[36]

Die Debatte läuft sich schließlich zum Ende des Sommers 1990 tot. Was bleibt, ist ein fader Nachgeschmack. Was bleibt, sind Irritationen und Verstörungen. Was auf der Strecke geblieben ist, ist die Streitkultur. Günter Grass hat es im „Spiegel-Gespräch", zeitlich in der Mitte der Debatte angesiedelt, so formuliert: „Ich habe Angst, dass ein Ton einreißt, der vergiftend ist und inquisitorisch und pharisäerhaft (...)".[37]

---

36 G. Grass, DER SPIEGEL v. 16. 7. 1990, S. 141
37 ebd., S. 143

4. Rezeptionsgeschichte

Eine neue Runde der Christa-Wolf-Debatte wird 1993 eingeläutet.

Christa-Wolf-Debatte: IM Margarete

Im Januar 1993 trifft in der Redaktion der „Berliner Zeitung" ein Fax aus Santa Monica (Kalifornien) ein. Die Absenderin ist Christa Wolf, die sich seit einiger Zeit im Rahmen eines Stipendiums in den USA aufhält. Der Inhalt des Schreibens kommt einer Sensation gleich und läutet die zweite Runde der „Christa-Wolf-Debatte" ein. Christa Wolf teilt mit, dass sie von 1959 bis 1962 zunächst als GI (Geheimer Informator/Gesellschaftlicher Informant) und später als IM (informeller Mitarbeiter) für die Stasi tätig war (Deckname: Margarete).

Christa Wolf führt aus, dass sie selbst diese Tätigkeit vergessen habe und erst durch das Studium ihrer Stasi-Akten wieder auf diesen Abschnitt ihrer persönlichen Vergangenheit gestoßen sei. Zur Begründung für ihre Zurückhaltung bei der Öffentlichmachung dieses Lebensabschnitts (Christa Wolfs Akteneinsicht lag bereits ein gutes halbes Jahr zurück) schreibt Christa Wolf:

> *„Ich hatte gar keine Hoffnung – angesichts der Hysterie, die allein durch die zwei magischen Buchstaben ,IM' ausgelöst wird –, daß eine solche Veröffentlichung eine Aufnahme finden könnte, die den wirklichen Relationen dieses Vorgangs in meinem Leben entsprechen würde. Ich mußte fürchten, auf diese zwei Buchstaben reduziert zu werden. Ich stand noch unter dem Eindruck der Kampagne gegen mich und fühlte mich neuen Angriffen nicht gewachsen."*[38]

Warum sie nun doch (oder erst jetzt) an die Öffentlichkeit geht, obwohl sie bereits im Jahre 1992 Einsicht in ihre bei der (damaligen) Gauck-Behörde archivierten Akten genommen hat, erklärt die Autorin so:

---

[38] C. Wolf, zitiert nach Saarbrücker Zeitung v. 22. 1. 1993, S. 8. Mit der „Kampagne" meint Christa Wolf die Debatte des Jahres 1990

4. Rezeptionsgeschichte

> *"Die Vorgänge um Heiner Müller (dem bereits Stasi-Vorwürfe gemacht worden waren, B. M.) sind der letzte Anstoß für mich, diesen Artikel zu schreiben. (...) Heute sehe ich, daß (meine) Zurückhaltung falsch war. (...) Ich habe Zeit gebraucht, um mich meiner selbst zu vergewissern und jetzt darüber sprechen zu können."*[39]

Die Akten, die nun in Auszügen der Öffentlichkeit zugänglich werden, fördern Folgendes zutage:

Im Jahre 1959, Christa Wolf war Redakteurin der Literaturzeitschrift NDL, wird die Autorin von zwei Stasi-Leuten aufgesucht und erklärt sich bereit (nach eigener Aussage, weil sie eingeschüchtert war), Informationen zu beschaffen. Von 1959 bis 1962 wird sie als Mitarbeiterin geführt, wobei die Stasi ab Mitte 1962, das Ehepaar Wolf war von Halle in den Bezirk Potsdam umgezogen, kein Interesse mehr an einer weiteren Mitarbeit zeigte. Die *„Täter-Akte"* wird geschlossen. Zwei Aktenordner mit insgesamt 130 Blättern gibt es über diese Zeit, wobei neben (handschriftlichen) Aufzeichnungen (Berichten) Christa Wolfs vor allem Treffberichte und Einschätzungen der Stasi-Kontaktleute über Christa Wolf in diesen beiden Ordnern enthalten sind. 1969, zwei Jahre, nachdem Christa Wolf von der Kandidatenliste des ZK der SED gestrichen worden ist, legt die Stasi wieder eine Akte Wolf an, die *„Opfer-Akte"* (*„Vorgang Doppelzüngler"*). Die Observierung Christa Wolfs und ihres Ehemanns durch die Stasi beginnt. Bis zum Ende der DDR, also über einen Zeitraum von 20 Jahren, ist das Ehepaar Wolf nun Objekt der Beobachtung. Die Ergebnisse der Überwachung und Bespitzelung von Christa und Gerhard Wolf durch die Stasi sind in 42 Bänden gesammelt.

Der „Spiegel" v. 25. 1. 1993 zitiert – mit süffisantem Unterton – in einem groß aufgemachten Artikel (S. 158 ff.) mit dem Titel

---
39 ebd.

4. Rezeptionsgeschichte

"Die ängstliche Margarete" ausführlich aus der "Täter-Akte", wogegen die "Opfer-Akte" dem Hamburger Magazin nur wenige Zeilen wert ist. Doch was da deutlich wird, ist bestenfalls eine Seite des Stasi-Komplexes: die Banalität und – stellenweise auch – die Dümmlichkeit des Spitzelwesens in der ehemaligen DDR. Es geht in den zwei Bänden der "Täter-Akte" mehr um die Mentalität der Informantin, weniger um harte Fakten oder gar Denunziationen, die man Christa Wolf anlasten könnte. So ist wohl auch zu erklären, dass Joachim Gauck, der damalige Bundesbeauftragte für die Unterlagen des Staatssicherheitsdienstes, Christa Wolf in Schutz nimmt und die FAZ zu dem Ergebnis kommt:

> *"Christa Wolf hat in ihren Berichten niemanden belastet und fast durchweg nur Freundliches über aufrechte Genossen und talentierte Kollegen berichtet. Alles andere verliert sich in Unbestimmtheit und ist von großer Allgemeinheit."*[40]

Und mit dem Mangel an "brauchbaren Erkenntnissen" ist wohl auch zu erklären, dass die Stasi selbst das Interesse an "IM Margarete" verliert und die Zusammenarbeit beendet.

Es können also nicht die "harten" Fakten selbst sein, die Christa Wolf ins Schussfeld geraten lassen, sondern ihr Umgang mit ihrer Biografie. Dabei zeichnen sich zwei Linien ab:

a) Ein Teil der Kritiker hält Christa Wolfs Begründung für das späte Bekenntnis zu ihrer "Stasi-Vergangenheit" für Opportunismus und Taktiererei. Sie habe, so lautet in summa der Vorwurf, mit ihrem Brief an die "Berliner Zeitung" nur das Schlimmste verhüten wollen, indem sie der Veröffentlichung der Akten durch Dritte zuvorgekommen sei;

---

40 Die Stellungnahme Gaucks ist in zahlreichen Tageszeitungen veröffentlicht worden, so etwa im Tagesspiegel v. 1. 3. 1993, S. 2; FAZ zitiert nach Berliner Zeitung v. 26. 1. 1993, S. 29

4. Rezeptionsgeschichte

b) ein anderer Teil der Kritiker sieht die Autorin Wolf beschädigt, weil der Anspruch ihres literarischen Werks nicht (mehr) in Übereinstimmung mit ihrem persönlichen Handeln zu bringen sei. Christa Wolf nehme eine „Weißwäscher-Haltung" ein, so etwa F. J. Raddatz in der ZEIT. „Mir scheint, beide (gemeint sind H. Müller und C. Wolf, B. M.) haben nicht nur ihrer Biografie geschadet; sie haben ihr Werk beschädigt."[41]

Was hinter einer solchen Einschätzung wie der von Raddatz steht, der Müller und Wolf als Autoren sehr schätzt, ist wohl dies: Ein bestimmter Teil der literarischen Öffentlichkeit, insbesondere der links-liberalen Intelligenz, sieht sich nun eines Idols beraubt, und zwar durch dieses Idol selbst. Christa Wolf wurde jahrelang nahezu unter dem Rubrum einer (literarischen) Widerstandskämpferin geführt, die, an den Zielen einer humanen Gesellschaft mit sozialistischem Antlitz festhaltend, zur Leitfigur für Frieden und gesellschaftliche Gerechtigkeit geworden war. Der „Sündenfall" Christa Wolfs wird nun als eigenes Scheitern empfunden, als Versagen und moralischer Bankrott.

Wieder teilt sich die literarische Öffentlichkeit in Ankläger und Verteidiger, wieder nimmt die Debatte Dimensionen an, denen man im Rahmen dieses Bandes nicht nicht gerecht werden kann (vgl. Anz, *Es geht nicht um Christa Wolf*). Christa Wolf hat aus der Debatte eine doppelte Konsequenz gezogen. Im März 1993 erklärte sie schriftlich ihren Austritt aus der „Akademie der Künste" (Ost und West), im Mai/Juni 1993 macht sie ihre „Stasi-Akte" der Öffentlichkeit in Buchform zugänglich.

Liest man heute Christa Wolfs Erzählung *Kassandra*, so ergeben sich auch auf dem Hintergrund der Debatten um Christa Wolf in den Jahren 1990–1993 **keine grundsätzlich neuen**

---
41 F.J. Raddatz, DIE ZEIT v. 29. 1. 1993, S. 51

4. Rezeptionsgeschichte

Ansatzpunkte für eine Interpretation der Erzählung *Kassandra* (oder eine Behandlung der Erzählung im Unterricht); wohl aber sind Akzentverschiebungen denkbar. Bei der Betrachtung der Suche der Hauptfigur nach Ich-Identität und Autonomie kann es sich anbieten, den realen Lebenshintergrund der Autorin C. Wolf, die damalige DDR und das Leben und Arbeiten einer kritischen Intellektuellen im System des „real existierenden Sozialismus" etwas stärker in den Vordergrund zu rücken.

Die Lektüre von Kassandra auf dem Hintergrund der Wolf-Debatte

Es ist dabei unschwer möglich, den Entwicklungsprozess Kassandras in der Erzählung in Bezug zu setzen zum Entwicklungsprozess der Autorin Christa Wolf als Bürgerin der DDR. Hinter bestimmten Entwicklungen der trojanischen Gesellschaft leuchten bei einer solchen Betrachtungsweise somit, wenn auch literarisch versetzt in die Antike und damit parabolisch verfremdet, Entwicklungen der DDR-Gesellschaft und Probleme der in ihr lebenden kritischen Intellektuellen und Systemgegner auf.

Einen solchen Gedankengang hat ausführlich Wilfried Grauert verfolgt, der z. B. zur Dichotomie von Palast-Welt und Ida-Berg-Gemeinde schreibt:

„Die Kritik an der trojanischen Gesellschaft ist nicht nur auf die von der wissenschaftlich-technischen Rationalität organisierten Industriegesellschaft im Allgemeinen, sondern auch auf deren realsozialistische Variante im Besonderen zu beziehen; z. B. kann Eumelos' Sicherheitsapparat als eine Institution des real existierenden bzw. bürokratischen Sozialismus verstanden werden, während die Gegen-Zivilisation am Berg Ida als ein alternatives, am demokratischen Sozialismus orientiertes Modell des gesellschaftlichen Lebens zu begreifen ist, in dem das Individuum angemessene Möglichkeiten der Entfaltung findet."[42]

---
42 W. Grauert, S. 432

4. Rezeptionsgeschichte

Eine Intellektuelle in der DDR

In einem solchen Dekodierungskontext geht es bei der Selbstanalyse der ja mit Privilegien (da haben wir also wieder das Wort!) ausgestatteten **Seherin** Kassandra (die die gesellschaftlichen Prozesse sieht und analysiert) um den Selbstvergewisserungsprozess der Autorin Christa Wolf und ihre Haltung gegenüber den Machthabern und dem System der damaligen DDR, es geht also um subjektive Authentizität.

Liest man unter solchen Gesichtspunkten die Erzählung, wird man erkennen können, dass die Autorin (wie ihre Figur) voller Selbstzweifel ist, ihr Weg zur Identität verbunden ist mit der schmerzhaften Erkenntnis über die Inhumanität der („sozialistischen") Gesellschaft, in der sie lebt, und mit einem Verlust von Idealen und Hoffnungen einhergeht. Dieser

Eine Autorin und ihre literarische Figur

Erkenntnisprozess (der der Autorin wie der der Figur) verläuft aber nicht linear, sondern voller Widersprüche. Figur und Autorin werden sich im Laufe dieses Prozesses ihrer eigenen Verantwortung und der eigenen Widersprüchlichkeit bewusst. Die literarische Figur Kassandra vollzieht den Bruch allerdings radikaler und endgültiger als die Autorin Wolf. Kassandra sagt laut und deutlich ihr grundsätzliches NEIN; sie steigt durch ihre Entscheidung, in den Tod zu gehen, aus dem Geschichtsprozess aus, weil sie Veränderung nicht oder kaum für möglich hält.

Die Autorin Wolf bleibt in ihrem Troja (DDR) – bis zum gleichermaßen bitteren wie unerwarteten Ende, stets schwankend zwischen FLÜCHTEN und STANDHALTEN. Sie überschätzt dabei ihre Rolle als „Vorzeige-Dissidentin" nicht. Der Satz Kassandras **„Ich leistete mir (...) ein kleines bißchen Trotz. Trotz, nicht Mut"** (69) beschreibt somit auch die Haltung der Autorin C. Wolf.

5. Materialien

Die Materialien ergänzen und vertiefen die bisher behandelten Aspekte und sollen eine Hilfe bei der eigenständigen Auseinandersetzung mit Christa Wolfs Erzählung *Kassandra* sein. Der einleitende Abschnitt bettet den Textauszug in den Gesamtzusammenhang der Erläuterungen und den Kontext der Fundstelle ein.

Christa Wolfs Erzählung *Kassandra* ist ein Bestseller. Alexander Stephan geht u. a. der Frage nach, worin die Gründe für den Erfolg der Erzählung beim Lesepublikum zu finden sind (siehe auch die Kapitel 1.2 und 4. dieses Bandes).

„Die Gründe für diesen Erfolg liegen auf der Hand: Mit den Themen Frauen und Frieden verbindet Christa Wolf in ihren Büchern über Kassandra zwei Komplexe, denen die lesende Öffentlichkeit während der 80er Jahre ein ungewöhnliches Maß an Aufmerksamkeit widmete. Frauen, so wird zunehmend deutlich, drängen in jene Positionen der Gesellschaft, wo die Entscheidung über unsere Zukunft gefällt wird. Die Sorge um Friede und Abrüstung, einst Anliegen einer Handvoll Intellektueller, hat sich im Bewusstsein einer breiten, weit gefächerten Schicht der Gesellschaft festgesetzt.[...] Passagen, in denen es um Krieg und Frieden geht, waren es dann auch, die das Erscheinen der Kassandra-Texte in der DDR verzögert hatten. Jedenfalls gingen die Frankfurter Poetik-Vorlesungen ‚Voraussetzungen einer Erzählung: Kassandra' beim Aufbau-Verlag erst in Druck, nachdem sich Christa Wolf bereit erklärt hatte, Sätze (...) aus dem im Westen bereits erschienenen Manuskript zu streichen. (...) Kassandra, in der Christa Wolf ihre jahrelangen Bemühungen um die Themen Frieden und Frauen zu-

sammenfallen lässt, ist inzwischen in Ost und West bei Friedens- und Frauenbeweglerinnen zu einer Art von Erkennungszeichen geworden."[43]

Christa Wolfs Kassandra entdeckt auf ihrem Weg zur Autonomie neben der rationalen Erkenntnis auch andere Formen der Erkenntnis (siehe Kapitel 2.7 dieses Bandes). Dies ist nun nicht so zu verstehen, als vertrete Christa Wolf eine undifferenzierte Rationalismuskritik. In ihren Poetikvorlesungen setzt sich Christa Wolf auch mit der Rationalismuskritik und Tendenzen in der sog. ‚Frauenliteratur' auseinander, die in Irrationalismus münden. Der Verklärung vorrationaler Menschheitsetappen stellt sie den Versuch einer Vermittlung gegenüber.

"(...)Woraus speist sich mein Unbehagen bei der Lektüre so mancher Veröffentlichung – auch aus dem Bereich von Archäologie, Frühgeschichtsschreibung –, die sich selbst unter das Prädikat ‚Frauenliteratur' begibt? Nicht nur aus meiner Erfahrung, in welche Sackgasse sektiererisches, andere als die von der eigenen Gruppe sanktionierenden Gesichtspunkte ausschließendes Denken immer führt; vor allem empfinde ich einen wahren Horror vor jener Rationalismuskritik, die selbst in hemmungslosem Irrationalismus endet. Daß Frauen zu der Kultur, in der wir leben, über die Jahrtausende hin offiziell und direkt so gut wie nichts beitragen durften, ist nicht nur eine entsetzliche, beschämende und skandalöse Tatsache für Frauen – es ist, genau genommen, diejenige Schwachstelle der Kultur, aus der heraus sie selbstzerstörerisch wird, nämlich ihre Unfähigkeit zur Reife. Jedoch bringt es der Fähigkeit zur Reife nicht näher, wen an die Stelle des Männlichkeitswahns der Weiblichkeitswahn gesetzt wird und wenn die Errungenschaften

---

43 Stephan, S. 139 ff.

vernünftigen Denkens, nur weil sie Männer hervorgebracht haben, von Frauen zugunsten einer Idealisierung vorrationaler Menschheitsetappen über Bord geworfen werden."[44]

In ihrer ausführlichen Untersuchung der Erzählung geht Rosemarie Nicolai auch der Bedeutung der in *Kassandra* geschilderten Träume nach (siehe in diesem Band u. a. 2.7). Über die Funktion der Träume und Traumdarstellungen im Kontext der Erzählung schreibt sie einleitend:

„Von besonderem Interesse sind in der mythologischen Erzählung ,Kassandra' die Träume. (...) In den Traumbildern spiegeln sich in verschobener Form abgewehrte Wünsche und Ängste der Personen. In einigen Träumen wird mythologisches und autobiografisches Material aufgegriffen, verändert, ausgestaltet. Fast alle Träume werden in der Erzählung von immer wieder anderen Personen, manchmal kontrovers, gedeutet und damit festgelegt, verfälscht, interpretiert, facettiert. So stellen die Träume Schaltstellen der untergründigen Assoziationsbahnen des Textes, Knotenpunkte werkimmanenter und übergreifender Symbolik dar. In ihrer gleichsam unerstarrten polyvalenten Bildlichkeit bieten sie einen attraktiven, wenn auch nicht ungefährlichen Zugang zu diesem Werk."[45]

Wilfried Grauert räumt dem Dialog mit dem Wagenlenker einen besonderen Stellenwert in der Erzählung ein und macht an dieser Textpassage die neu gestaltete Kassandra-Konzeption Christa Wolfs fest (siehe in diesem Band 2.1, 2.4 und 2.7). Grauert sieht in dem Dialog mit dem Wagenlenker Kassandras „Testament" festgehalten. Grauert schreibt u. a.:

---
44 zitiert nach KV, S. 115
45 Nicolai, S. 84

5. Materialien

„Kassandras Testament unterscheidet sich von ihren früheren Prophezeiungen, die sich entweder auf den Tod von Personen oder den Untergang von Troja beziehen und in denen der Geschichtsprozess, indem er nur als Zerstörung begriffen wird, negativ bestimmt wird. Jetzt räumt Kassandra zum ersten Mal die Möglichkeit ein, dass die Geschichte der Menschheit nicht in Tod und Vernichtung enden müsse, sondern dass es die Möglichkeit einer qualitativen Änderung, ja eines Bruches mit der Entwicklungslogik des Schreckens gebe und dass die Sicherung und Entfaltung des Lebens Inhalt und Ziel der Geschichte sein könne. Damit wird der sprichwörtliche Katastrophismus der Kassandra durch einen Hauch von Prinzip Hoffnung relativiert. (...) Neben diesem Bruch mit der katastrophischen Geschichtskonzeption enthält Kassandras Testament Änderungen, die sich auf die Person der Seherin beziehen. Kassandra räumt unzureichende Kenntnisse über die menschliche Natur ein und weist ausdrücklich auf die Begrenztheit ihres Wissens hin (...). Dies bedeutet einen Bruch mit der traditionellen Rolle der Kassandra bzw. des Sehers, wie sie in der antiken Mythologie und Literatur dargestellt wird. Dort erscheint der Seher als derjenige, der den Menschen die göttlich inspirierte Erkenntnis vermittelt; er ist allwissend, weil das eigentliche Subjekt seiner Rede ein Gott ist."[46]

---

46 Grauert, S. 428 f.

Literatur

Ausgaben

Wolf, Christa: *Kassandra. Erzählung.* dtv Bd. 11870, München ⁹2001
(Nach dieser Ausgabe wird zitiert.)

dies.: *Voraussetzungen einer Erzählung: Kassandra.* Darmstadt und Neuwied 1986 (Sammlung Luchterhand Bd. 456)

dies.: *Störfall – Nachricht eines Tages.* Darmstadt und Neuwied 1987

dies.: *Über Sinn und Unsinn von Naivität.* In: Klaus Sauer (Hrsg.): *Christa Wolf, Materialienbuch.* Darmstadt und Neuwied 1985, S. 30–39

dies.: *Gerti Tetzner: Christa Wolf. Ein Briefwechsel.* In: Sauer, ebd., S. 39–56

dies.: *Ein Satz.* In: Sauer, ebd., S. 56–61

dies.: *Ein Brief.* In: Sauer, ebd., S. 61–67

dies.: *Kultur ist, was gelebt wird. Gespräche mit Frauke Meyer-Gosau.* In: Sauer, ebd., S. 67–81

dies.: *Das starke Gefühl gebraucht zu werden. Interview mit der „Wochenpost"* (DDR), abgedruckt in der taz, 23. 2. 1984
(Bei einer intensiveren Beschäftigung mit dem Werk von Christa Wolf sollte der Band von Sauer angeschafft werden.)

dies.: *Kleists Penthesilea.* In: TEXT und KRITIK 46, Juni 1985, S. 1–11

dies.: *Werke.* 13 Bde. Hrsg. und kommentiert von Sonja Hilzinger. München 1999–2003.

Lernhilfen und Kommentare

Beitler, Ulrike: *Christa Wolf, Kassandra.* (Mentor Lektüre Durchblick 318), München 2000
(Der Konzeption der Reihe entsprechend eine sehr knappe Einführung in die Erzählung.)

Nicolai, Rose: *Christa Wolf, Kassandra* (Oldenbourg Interpretationen Bd. 46), München 1989
(Der Band bietet eine ausführliche Interpretation und enthält Vorschläge für die Behandlung der Erzählung im Unterricht.)

SEKUNDÄRLITERATUR

Anz, Thomas (Hrsg.): *Es geht nicht um Christa Wolf. Der Literaturstreit im vereinten Deutschland.* Frankfurt 1995

Cramer, Sibylle: *Eine unendliche Geschichte des Widerstands „Kein Ort. Nirgends", „Kassandra".* In: Klaus Sauer, (Hrsg.), ebd., S. 121 –142

Gidion, Heidi: *Wer spricht? Beobachtungen zum Zitieren und zum Sprechen an Christa Wolfs Günderrode- und Kassandra-Projekt.* In: TEXT + KRITIK 46, S. 93–101

Grauert, Wilfried: *Eine moderne Dissidentin. Zu Christa Wolfs Erzählung „Kassandra".* In: DISKUSSION DEUTSCH 97 v. Oktober 1987, S. 423–435
(Ein lesenswerter Aufsatz (siehe den Auszug im Materialienteil.))

Greiner, Bernhard: *"Mit der Erzählung geh ich in den Tod". Kontinuität und Wandel des Erzählens im Schaffen von Christa Wolf.* In: Wolfram Mauser (Hrsg.), Erinnerte Zukunft. 11 Studien zum Werk Christa Wolfs, Würzburg 1985, S. 107–140

Henze, Hadwig: *Christa Wolf: "Kassandra".* In: PRAXIS DEUTSCH 86/November 1987, S. 52–55

Hilzinger, Sonja: *"Kassandra". Über Christa Wolf.* Frankfurt/M. 1982

Jäger, Manfred: *Die Grenzen des Sagbaren. Sprachzweifel im Werk von Christa Wolf.* In: Klaus Sauer (Hrsg.), ebd., S. 143–162

Marx, Jutta: *Die Perspektive des Verlierers – ein utopischer Entwurf.* In: W. Mauser, ebd., S. 161–179

Mauser, Helmtraud: *Zwischen Träumen und Wurfspeeren. Kassandra und die Suche nach einem neuen Selbstbild.* In: W. Mauser, ebd., S. 233–264

Mauser, Wolfram (Hrsg.): *Erinnerte Zukunft. 11 Studien zum Werk Christa Wolfs.* Würzburg 1985

Renner, Rolf G.: *Mythische Psychologie und psychologischer Mythos Zu Christa Wolfs "Kassandra".* In: W. Mauser, ebd., S. 265–290

Risse, Stefanie: *Wahrnehmen und Erkennen in Christa Wolfs Erzählung "Kassandra".* Pfaffenweiler 1986

Roebling, Irmgard: *"Hier spricht keiner meine Sprache, der nicht mit mir stirbt." Zum Ort der Sprachreflexion in Christa Wolfs "Kassandra".* In: Wolfram Mauser, ebd., S. 207–232

Literatur

Sauer, Klaus (Hrsg.): *Christa Wolf, Materialienbuch.* Darmstadt und Neuwied 1985

Stephan, Alexander: *Die „subjektive Authentizität" des Autors.* In: TEXT+KRITIK 46, S. 16–25

ders.: *Christa Wolf.* München 1987
(Eine kompakte Einführung in Leben und Werk von Christa Wolf.)

Stephen, Anthony /Wilson Judith: *Entwurf einer Poetik der Klage.* In: TEXT+KRITIK 46, Juni 1985, S. 26–37

Weigel, Sigrid: *Vom Sehen zur Seherin. Christa Wolfs Umdeutung des Mythos und die Spur der Bachmann-Rezeption in ihrer Literatur.* In: TEXT + KRITIK 46, S. 67–92

Rezensionen

Adrian, Sylvia: *Die vierte Dimension. Christa Wolfs „Kassandra": hoher Stil und lässige Sprache.* In: Stuttgarter Zeitung Nr. 155 v. 9. 7. 1983

Bayernkurier: *Christa Wolfs „Kassandra": Den heutigen zur Warnung.* In: Bayernkurier Nr. 41 v. 15. 10. 1983

Baumgart, Reinh.: *Ein Marmorengel ohne Schmerz.* In: Spiegel v. 4. 4. 1983

Benseler, Frank: *„Kassandra" oder Die Bedingungen des Friedens. Zur Erzählung von Christa Wolf.* In: Deutsche Volkszeitung Nr. 28 v. 14. 7. 1983

Boer, Claudia: *Wissen um die Zukunft.* In: Kieler Nachrichten Nr. 109 v. 11. 5. 1983

Bondy, Barbara: *Im letzten Licht. Christa Wolfs Kassandra-Monolog.* In: Süddeutsche Zeitung Nr. 74 v. 30. 3. 1983

Cramer, Sibylle: *Kassandra, eine weibliche Widerstandsfigur Christa Wolfs episches Antikenprojekt.* In: Frankfurter Rundschau Nr. 117 / Zeit und Bild Nr. 20, 5. 1983

Holzer, Konrad: *Zeitloser Schmerz einer Seherin.* In: Die Presse v. 23./24. 4. 1983

Jäger, Manfred: *Mythos und Utopie. Kassandra: Wider die Macht der Erfahrung.* In: Deutsches Allgemeines Sonntagsblatt Nr. 22 v. 29. 5. 1983

Kaever, Katharina: *Gegen den Vater aller Dinge* In: stern Nr. 20 v. 11. 5. 1983

Lauffs, Manfred: *Die Wahrheit ist tödlich. Christa Wolfs „Kassandra" und ihre „Voraussetzungen".* In: Westdeutsche Allgemeine Zeitung Nr. 140 v. 20. 7. 1983

Matt, Beatrice von: *Kassandras Appell.* In: Neue Zürcher Zeitung v. 29. 4. 1983

Obermüller, Klara: *Ringen um Autonomie. Christa Wolfs „Kassandra".* In: Weltwoche Nr. 24 v. 15. 6. 1983

ohne Angabe: *Christa Wolf belebt antiken Mythos und gibt Auskunft über die Annäherung: Kassandra.* In: Buchreport 13 v. 13. 3. 1983

Parmentier, Hanno: *Die Logik der Gewalt in Zweifel ziehen. Christa Wolfs Erzählung „Kassandra" und die Poetikvorlesung über deren Entstehung.* In: die tat Nr. 36 v. 9. 6. 1983

Raddatz, Fritz J.: *Das Gedächtnis – eine andere Form des Sehens. Christa Wolfs „Kassandra" und ein Band mit Überlegungen zur Poetik.* In: DIE ZEIT Nr. 43 v. 21. 10. 1983

Rohde, Hedwig: *Die unbelehrbaren Besiegten. Christa Wolfs analytischer „Kassandra"-Monolog* In: Rhein-Neckar-Zeitung Nr. 121 v. 28./29. 5. 1983 / auch in Der Tagesspiegel v. 29. 5. 1983

Ross, Werner: *Kassandra kämpft für die Frauen. Unter der Last der Gedanken: Eine Erzählung mit Kommentar dazu von Christa Wolf.* In: DIE WELT Nr. 94 v. 23. 4. 1983

Scheller, Wolf: *Glanzstück des literarischen Feminismus. Zu Christa Wolfs neuer Erzählung „Kassandra".* In: General-Anzeiger v. 14. 4. 1983

ders.: *Blick in die Zukunft* In: Westermanns Monatshefte Nr. 6, 1983

Schneider, Michael: *Kassandra oder Die Menschwerdung vor dem Untergang. Über Christa Wolfs Erzählung „Kassandra".* In: Linkskurve. Magazin für Kunst und Kultur 1/84

Trappschuh, Elke: *Das Buch des Monats: Kassandra.* In: Handelsblatt Nr. 119 v. 24./25. 6. 1983

Wallmann, Jürgen: *Die Seherin der Machtlosen. Vage Utopie einer weiblichen Gegenwelt – Christa Wolfs „Kassandra".* In: Rheinischer Merkur Nr. 29 v. 22. 7. 1983

ders.: *Lasst euch nicht von den Eignen täuschen. Gegenwärtiges Wunschbild auf eine mythologische Figur: Zu Christa Wolfs eindringlicher Erzählung „Kassandra"* In: Badische Zeitung Nr. 170 v. 27. 7. 1983

ders.: *Troja ohne Helena. Christa Wolf: Mit dem Mythos sprechen.* In: Saarbrücker Zeitung Nr. 219 v. 22. 9. 1983

Wernitz, Margit: *Wahrhaben, was ist – wahrhaben, was sein soll.* In: Linkskurve. Magazin für Kunst und Kultur 1/84

Wittstock, Uwe: *Kassandra als Feministin* In: FAZ Nr. 125 v. 2. 6. 82

Sonstige Literatur

Adler, Alfred: *Menschenkenntnis.* Frankfurt/M. und Hamburg 1970

Aischylos: *Die Orestie.* (RUB 508)

Bahro, Rudolf: *Die Alternative. Zur Kritik des real existierenden Sozialismus.* Köln u. Frankfurt/M. 1977

Brecht, Bertolt: *Die Stücke von Brecht in einem Band.* Frankfurt 1981

ders.: *Leben des Galilei.* Berlin 1971

Capra, Fritjof: *Wendezeit. Bausteine für ein neues Weltbild.* München 1988

Drechsler, Hanno u. a. (Hrsg.): *Gesellschaft und Staat. Lexikon der Politik.* Baden-Baden 1976

Engels, Friedrich: *Der Ursprung der Familie, des Privateigentums und des Staats.* In: Marx, Karl / Engels, Friedrich: Ausgewählte Schriften in zwei Bänden (Bd. 2), Berlin 1952

Franke, Konrad: *Die Literatur der Deutschen Demokratischen Republik II* (Kindlers Literaturgeschichte der Gegenwart Bd. 4). Frankfurt 1980

Freud, Sigmund: *Drei Abhandlungen zur Sexualtheorie und verwandte Schriften.* Frankfurt und Hamburg 1971

Literatur

Funke, Manfred (Hrsg.): *Totalitarismus, Ein Studien-Reader zur Herrschaftsanalyse moderner Diktaturen.* Düsseldorf 1978

Homer: *Ilias.* (RUB 249)

Horkheimer, Max / Adorno, Theodor W: *Dialektik der Aufklärung. Philosophische Fragmente.* Amsterdam 1968

Kindlers Literatur-Lexikon. Zürich 1970, Bd. 5 und Bd. 8

Klaus, Georg/Buhr, Manfred (Hrsg.): *Philosophisches Wörterbuch.* 2 Bde. Berlin 1977

Marcuse, Herbert: *Triebstruktur und Gesellschaft. Ein philosophischer Beitrag zu Sigmund Freud.* Frankfurt 1971

ders.: *Der eindimensionale Mensch. Studien zur Ideologie der fortgeschrittenen Industriegesellschaft.* Neuwied und Berlin 1974

Pelster, Theodor: *Rede und Rhetorik.* Düsseldorf 1972

Schwab, Gustav: *Die schönsten Sagen des klassischen Altertums.* Gütersloh o. J.

Stanzel, Franz K.: *Typische Formen des Romans.* Göttingen 1969

Ulshöfer, Robert (Hrsg.): *Arbeitsbuch Deutsch – Sek. II.* Bd. 1 Sprache und Gesellschaft, Dortmund 1972

Wilpert, Gero von: *Sachwörterbuch der Literatur.* Stuttgart 1969

Literatur

Materialien aus dem Internet

http://webix.tele.net.borgschoren/lh/lh5c.htm
Hier findet sich eine recht umfangreiche Darstellung der Ergebnisse einer Unterrichtsreihe (Arbeitsgruppen zu verschiedenen Themen/Aspekten de Erzählung). Eingängig und verständlich.

Bitte melden Sie dem Verlag „tote" Links!

Wie interpretiere ich ...?

■ Der Bestseller!

Die Herausgeber der Buchreihe „Wie interpretiere ich ...?" wollen zur selbstständigen Arbeit mit den im Unterricht behandelten literarischen Gattungen anregen und dazu Hilfestellung geben.

Basiswissen beinhaltet:
- grundlegende Sachinformationen zur Interpretation und Analyse
- Grundlagen zur Erstellung von Interpretationsaufsätzen
- Fragenkatalog mit ausgewählten Beispielen
- Analyseraster

Anleitungen beinhalten:
- Bausteine einer Gedichtinterpretation
- Musterbeispiele
- Selbsterarbeitung anhand praxisorientierter Beispiele

Übungen mit Lösungen beinhalten:
- konkrete, für Klausur und Abitur typische Fragen und Aufgabenstellungen zu unterrichts- und lehrplanbezogenen Texten mit Lösungen
- epochenbezogenes Kompendium

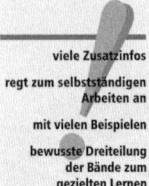

viele Zusatzinfos

regt zum selbstständigen Arbeiten an

mit vielen Beispielen

bewusste Dreiteilung der Bände zum gezielten Lernen

Bernd Matzkowski
Wie interpretiere ich?   *Basiswissen*
Sek. I/II (AHS)
124 Seiten
Best.-Nr. 1417-6   **Euro 10,00 [D]**
10,30 Euro[A] / sFr. 17,60

Bernd Matzkowski
Wie interpretiere ich ein Drama?   *Basiswissen*
Sek. I/II (AHS)
112 Seiten
Best.-Nr. 1419-2   **Euro 10,00 [D]**
10,30 Euro[A] / sFr. 17,60

Bernd Matzkowski
Wie interpretiere ich Novellen und Romane?   *Basiswissen*
Sek. I/II (AHS)
88 Seiten
Best.-Nr. 1414-1   **Euro 10,00 [D]**
10,30 Euro[A] / sFr. 17,60

Bernd Matzkowski
Wie interpretiere ich Kurzgeschichten, Fabeln und Parabeln?   *Basiswissen*
Sek. I/II (AHS)
92 Seiten, mit Texten
Best.-Nr. 1456-7   **Euro 10,00 [D]**
10,30 Euro[A] / sFr. 17,60

Bernd Matzkowski
Wie interpretiere ich Lyrik?   *Basiswissen*
Sek. I/II (AHS)
112 Seiten, mit Texten
Best.-Nr. 1448-6   **Euro 11,70 [D]**
12,10 Euro[A] / sFr. 20,20

Thomas Brand
Wie interpretiere ich Lyrik?   *Anleitung*
Sek I/II (AHS)
205 Seiten, mit Texten
Best.-Nr. 1433-8   **Euro 13,30 [D]**
13,70 Euro[A] / sFr. 23,20

Thomas Möbius   **NEU**
Wie interpretiere ich Lyrik?
Übungen mit Lösungen, Band 1
Mittelalter bis Romantik   ET 5/2003
mit Texten
Best.-Nr. 1460-5   **ca. 11,70 Euro[D]**
12,10 Euro[A] / sFr. 20,20

Thomas Möbius   **NEU**
Wie interpretiere ich Lyrik?
Übungen mit Lösungen, Band 2
19. und 20. Jahrhundert   ET 5/2003
mit Texten
Best.-Nr. 1461-3   **ca. 11,70 Euro[D]**
12,10 Euro[A] / sFr. 20,20